MOZART ÉTAIT UNE FEMME

Aliette de Laleu

MOZART ÉTAIT UNE FEMME

Histoire de la musique classique au féminin

Stock

ISBN 978-2-2340-9058-3

Introduction

Non, Mozart n'était pas une femme. Mais ce compositeur incarne l'image la plus répandue de la musique classique, c'est-à-dire un homme blanc à perruque devant son clavecin, un enfant prodige, un génie un peu fou, un créateur de chefs-d'œuvre intemporels... Pourtant, dans son ombre vivait une femme : Maria Anna Mozart. Aussi brillante musicienne que son frère, elle fut écartée du monde de la musique pour se consacrer à son mariage. Personne n'a retenu son nom. Même dans *Amadeus* de Milos Forman, film qui retrace la vie du compositeur de *La Flûte enchantée*, la sœur de Mozart n'existe pas. Le jeune prodige y joue seul devant son clavier, tandis que dans l'histoire, la vraie, Maria Anna Mozart était toujours à ses côtés. Elle fut, comme lui, louée pour ses talents musicaux avant de disparaître de la scène, mais aussi – ajoutant l'oubli au silence – des livres, des films et de l'histoire.

Mozart était aussi une femme. Tout comme Schumann, Mendelssohn, Mahler ou Bach même si ces noms, dans notre esprit, font référence à des hommes. Et si l'on y pense, tout l'univers de la musique classique nous offre une image très masculine. Des hommes composent les chefs-d'œuvre compilés dans les disques et occupent la plus grande place dans les programmations de festivals et de concerts. Des hommes sont les auteurs des dix opéras les plus joués dans le monde. Un homme se tient debout devant l'orchestre, baguette à la main. Des experts parlent de musique classique, ils la décryptent, l'analysent et la critiquent. Alors, quel récit raconte-t-on quand on parle de musique classique ? Celui des hommes.

On pourrait s'arrêter là, se dire que la musique classique a toujours été pensée et créée par les hommes et que ce sujet leur appartient. Certes, il est plus rassurant d'entendre toujours les mêmes histoires, comme un enfant à qui l'on chante sa berceuse préférée le soir. On préfère s'accrocher à ce que l'on connaît. Mais s'aventurer dans l'inconnu offre une lecture bien plus riche de la musique classique. Il est temps de bousculer nos réflexions qui pendant des décennies ont empêché un autre récit d'émerger, celui des femmes.

Ce livre prend le pari de raconter cette histoire. Non pas pour minimiser celle des hommes, mais pour faire exister l'autre versant, rétablir une forme d'équilibre et rendre justice à celles qui méritent d'être connues et reconnues. Pourquoi se contenter d'une énième biographie de Beethoven quand on peut découvrir le destin de toutes ces personnalités extraordinaires ? À chaque époque, dans chaque pays, des audacieuses, des timides, des battantes, des chanceuses, des prisonnières, des marquises, des épouses, des sœurs, des nonnes, des divas, des orphelines, des pieuses ou des séductrices ont occupé une place dans la musique classique. Certaines ont innové, à l'image d'une Élisabeth Jacquet de La Guerre avec le clavecin, d'autres ont créé des espaces pour que vive la musique, comme Pauline Viardot – nous les rencontrerons au fil de ces pages. Toutes ont contribué à faire de la musique classique ce qu'elle est aujourd'hui.

Combien de Maria Anna Mozart n'ont pas pu développer leur talent ou leur art parce que femmes ? Combien ont été exclues du monde de la musique ? Et combien sont parvenues à se frayer un chemin malgré toutes les barrières pour finalement tomber dans l'oubli ? Ce livre n'est pas là pour toutes les comptabiliser (il faudrait bien plus que ces quelques pages pour un récit exhaustif) mais pour rappeler qu'à chaque époque, de l'Antiquité à aujourd'hui en passant par les périodes baroque, classique, romantique et moderne, les femmes étaient là – et pas seulement en tant que muses. C'est en effet l'image que l'on continue de projeter aujourd'hui : en musique classique, les femmes qui ont l'honneur d'être citées dans l'histoire sont des inspiratrices au service d'un génie masculin.

Quand on regarde le destin des épouses et sœurs de grands compositeurs, cela ne semble pas totalement faux : Clara Schumann, Fanny Mendelssohn, Alma Mahler… leurs noms commencent à être connus du grand public. Seulement, ces destins ne sont pas représentatifs de l'histoire des créatrices. Certaines se sont émancipées de la tutelle des hommes, comme la compositrice britannique Ethel Smyth. D'autres, même mariées ou mères, ont réussi à mettre la composition au centre de leur vie, comme la Française Louise Farrenc. Sans parler de toutes celles qui ont servi la musique dans leur métier. Car ce livre n'oublie pas les chanteuses et instrumentistes, les mécènes et pédagogues, les copistes, professeures, fondatrices d'ensembles et cheffes d'orchestre.

Ce milieu musical souffre de préjugés, parfois exagérés, souvent vérifiés. Un monde masculin, blanc, réservé à une poignée de personnes privilégiées. Un monde traditionnel aussi, conservateur, où les femmes ont longtemps souffert d'exclusion. Au XVIIe siècle par exemple, en Italie, l'Église leur interdit de chanter sur scène, donnant naissance à une pratique de mutilation tristement célèbre : les castrats. Deux siècles plus tard, certains instruments de musique ne conviennent plus au sexe féminin, car ils sont jugés trop impudiques. Exit le violoncelle que l'on tient entre les jambes écartées, exit aussi tous les instruments à vent que l'on prend dans la bouche. On pense encore à l'exclusion des femmes de l'orchestre, dans certains cas jusqu'aux années 1980, pour des raisons morales, esthétiques et, disons-le, pour conserver une forme d'entre-soi masculin.

Malgré ces interdits, les femmes ont tout de même existé en tant qu'artistes. Il fallait parfois user de stratégies, comme ces compositrices recourant à des pseudonymes masculins pour faire entendre leurs œuvres. Ou au début du XXe siècle quand naissent des ensembles musicaux intégralement féminins, dirigés par des femmes, ce qui inspirera les futures générations de cheffes d'orchestre. Les instrumentistes ont également contourné les manières convenables de jouer des instruments interdits en les tenant différemment, comme le violoncelle ou la harpe placés sur le côté plutôt qu'entre les jambes. Raconter l'histoire de ces héroïnes, c'est raconter l'évolution de la musique classique. Croiser, par exemple, le destin de la compositrice Hélène de Montgeroult, première femme nommée professeure d'une classe de piano pour hommes au Conservatoire de Paris au XVIIIe siècle, avec celui de Clara Haskil, génie du piano au début du XXe siècle, permet de comprendre le rôle du piano dans l'histoire des femmes, qu'elles soient devenues grandes solistes, enregistrées par les plus prestigieuses maisons de disques, tombées dans l'oubli malgré leur influence, ou simples pianistes amatrices dans des salons bourgeois du XIXe siècle.

Étudier l'évolution de la place des femmes au fil des siècles, c'est comprendre à quel point cette histoire a subi des hauts, des bas, des avancées et des reculs. En musique, ce grand huit se traduit par quelques premières fois oubliées, comme Clara Schumann, pianiste et compositrice romantique, qui écrit dans son journal peu avant son mariage : « Il fut un temps où je croyais posséder un talent créateur mais je suis revenue de cette idée. Une femme ne doit pas prétendre composer. Aucune encore n'a été capable de le faire, pourquoi serais-je une exception ? »

Or les compositrices existaient déjà depuis plusieurs siècles, certaines étaient payées pour leur travail, et ce dès le XVIIe siècle. Barbara Strozzi, née en 1619 à Venise, soit deux siècles avant Clara Schumann, pouvait vivre de son activité musicale tout en étant mère célibataire de quatre enfants. L'histoire de la musique au féminin connaît en effet quelques âges d'or pour les créatrices comme dans l'Italie baroque, mais aussi en France, à la fin du XVIIIe siècle, en pleine Révolution. Les compositrices s'emparent du monde de l'opéra et font appel à des librettistes femmes, ce qui donne naissance à une scène lyrique très féminisée, avec plus d'une cinquantaine d'opéras composés par des femmes produits en un demi-siècle. Des chiffres qui ridiculisent les programmations affichées dans les maisons lyriques d'aujourd'hui.

Mais ce mouvement s'essouffle vite, en particulier avec l'ère napoléonienne et ses codes qui remettent les femmes « à leur place » : dans la maison, auprès des enfants. Cet élan de féminisation de la musique réapparaît un siècle plus tard, entre la fin du XIXe et le début du XXe. Les compositrices sortent de l'ombre – Lili Boulanger devient la première femme à obtenir le Grand Prix de Rome, prestigieuse récompense dans le monde de la composition –, et certaines classes d'écriture dans les conservatoires accueillent presque autant de femmes que d'hommes. Le phénomène s'arrête après les deux guerres mondiales. Il faut repeupler les pays, s'occuper des traumatismes, se recentrer sur l'essentiel à l'époque : la famille, le soin. Les femmes sont renvoyées à l'espace privé. En musique, cela se traduit par l'arrêt des orchestres féminins qui fleurissaient partout dans le monde, et donc par l'exclusion des femmes des ensembles musicaux afin qu'elles ne prennent pas la place des hommes. On observe aussi une chute du nombre d'aspirantes compositrices, faute de modèles et de perspectives, mais aussi en raison de la difficulté qu'elles rencontrent à intégrer ce milieu masculin, conservateur et persuadé de sa supériorité. Cet immense retour en arrière masque l'histoire des pionnières des siècles passés… Elles sont oubliées dans les dictionnaires de musique, on minimise l'importance de leurs œuvres pour se contenter de célébrer les génies masculins.

Avant de clore cette introduction, il est important de s'interroger sur cette notion de génie. Le mot est revenu déjà plusieurs fois. Mais qui décide de ce qui est génial ? Qui a désigné Bach, Beethoven et Mozart comme des génies ? Une œuvre ne naît pas chef-d'œuvre, elle le devient. Un génie ne naît pas génie, il le devient. Parfois il suffit d'une mise en lumière, comme Pablo Casals au début du XXe siècle qui décide de sortir de l'ombre les *Suites pour violoncelle* de Bach et d'en faire ce que l'on considère aujourd'hui comme un chef-d'œuvre. La récente découverte de la symphonie de la compositrice Charlotte Sohy par la cheffe d'orchestre Debora Waldman témoigne du rôle des artistes aujourd'hui et interroge cette notion : combien d'œuvres attendent qu'un génial musicien ou une géniale cheffe d'orchestre viennent les ressusciter ? En attendant, il faut compter sur le précieux travail des chercheuses et chercheurs qui fouillent les archives, retrouvent les noms et racontent cette autre histoire de la musique classique, celle des femmes.

Sans ce travail minutieux, un tel livre n'existerait pas. Sans toutes ces âmes dévouées qui ont passé des années à retrouver les traces des musiciennes et compositrices depuis des siècles, les programmations d'aujourd'hui resteraient entièrement masculines. Sans ces recherches, la musique serait plus pauvre. Quoi de plus excitant et émouvant que de pouvoir écouter un chant composé par une poétesse grecque de l'Antiquité ? Car derrière les noms et les histoires, derrière les problématiques de genre, c'est la musique qui importe et porte ce livre. Nous nous en sommes longtemps privés à tort, car il y a bien eu une injustice, une longue série d'erreurs qu'il est temps de corriger. Ce livre apporte une petite pierre à l'immense tâche de réhabilitation des femmes dans la musique, avec l'espoir qu'un jour, ces femmes ne seront plus les oubliées ou les effacées, mais bien les prodiges, les génies et les créatrices de chefs-d'œuvre intemporels.

Toujours plus de musique

À la fin de chaque chapitre, une liste de conseils musicaux accompagne votre lecture. Ces playlists permettent d'aller au plus près des musiciennes que vous rencontrerez dans les pages qui suivent, mais sont aussi une façon très concrète de faire vivre un matrimoine longtemps effacé. De la musique antique au XXe siècle en passant par les périodes baroque, classique ou romantique, ces suggestions vous donnent à entendre l'évolution des genres musicaux. Mes choix se tournent naturellement vers des œuvres de compositrices, ainsi que vers de grandes interprètes, instrumentistes ou chanteuses qui ont toute leur place, et même quelques compositeurs !

Bonne lecture, et bonne écoute.

1

DES NOMS ET DES VISAGES

Comment donner des noms et des visages aux premières musiciennes de l'histoire ? Existe-t-il des pionnières ? Comment juger de la voix ou du jeu d'une artiste quand seules quelques traces succinctes de son œuvre arrivent jusqu'à nous ? Pourquoi est-il si difficile de citer des noms de compositrices et d'entendre leur musique ? Ce livre montre à quel point les femmes ont été occultées, effacées. Mais dans ce grand silence, il y a les exceptions, les récits qui prouvent qu'elles ont toujours été là, depuis le début. Certains noms ont même traversé des siècles, voire des millénaires pour arriver jusqu'à nous… Et si c'était ça, marquer l'histoire ? Pour ouvrir ce livre, partons à la rencontre de deux femmes exceptionnelles de l'Antiquité.

Sappho, la muse ou la putain

Faut-il rappeler que *musique* vient du grec et que l'on retrouve, dans sa racine, le mot *muse* ? Comment donc ne pas commencer avec celle que le philosophe Platon appelait « la dixième muse », la poétesse et musicienne Sappho ? Elle naît dans une famille aristocratique de la ville de Mytilène, sur l'île de Lesbos, autour de 600 avant J.-C., à une époque où la musique est indissociable de la poésie. Les textes déclamés s'accompagnent d'une mélodie jouée à la flûte, à la lyre ou au son d'une percussion. La musique résonne partout dans la ville : pour honorer les dieux et les déesses, pour les puissants comme pour le peuple. Dans la tragédie grecque, un chœur d'hommes accompagne l'action et donne le rythme à la pièce. La musique est enseignée aux enfants au même titre que d'autres disciplines, comme la gymnastique, la danse ou le théâtre… Et surtout : elle est considérée comme un art supérieur. La création du monde est racontée par les poètes. Les divinités sont priées en musique et en poèmes. Nous avons affaire à un art divin. Sappho n'est pas une simple artiste, elle est poétesse et musicienne, un statut qui la place parmi les personnes les plus respectées de la société antique.

Aujourd'hui, seuls quelques textes sans accompagnement musical nous sont parvenus d'elle : des fragments de poésie et deux poèmes complets sur neuf livres, dont un, devenu célèbre, « L'hymne [ou ode] à Aphrodite ». Parmi les nombreuses traductions qui en ont été faites, celle de Renée Vivien, poétesse britannique de langue française, retranscrit brillamment l'art de sa consœur grecque. Renée Vivien traduit en respectant la strophe saphique – trois vers hendécasyllabiques (de onze syllabes) suivis d'un vers adonique (de cinq syllabes). Surnommée « Sappho 1900 », elle va jusqu'à se construire une maison à Mytilène, lieu de naissance de son artiste favorite.

L'admiration de la femme de lettres pour Sappho en éclaire un autre aspect : son lesbianisme. Ce n'est pas un hasard si le mot vient de Lesbos, son île natale. Renée Vivien, au début du xxe siècle, revendique son amour pour les femmes et attire l'œil de ses contemporains sur les textes singuliers de Sappho, qui parlent de désir. En Grèce antique, l'homosexualité a une place particulière. Le terme n'existe pas, on parle plutôt de pédérastie : une initiation des jeunes garçons par des hommes adultes à l'éducation et à la morale, initiation qui passe parfois par la sexualité. Chez les femmes, de telles écoles avec des relations entre jeunes filles et femmes plus âgées existent aussi, mais la relation sexuelle est moins évidente.

Les textes de Sappho brouillent les genres, dans l'énonciation qui peut relever du masculin ou du féminin, mais aussi par leur évocation de sentiments passionnés : le désir, le manque, la souffrance ou encore la *philia*, relation qui se situe entre l'amitié profonde et l'amour. Surtout, la poétesse parle à la première personne du singulier. Ses textes assument l'emploi du « je » : *je te vois, j'implore, je sens, je deviens, je désire*… Or ces poèmes ne sont pas destinés à rester dans un carnet intime. Ils sont déclamés, lus et appris par les jeunes élèves de la poétesse.

L'école que dirige Sappho, une thiase, est appelée aussi « maison des Muses ». On y apprend la musique, la danse, le chant, le théâtre… Dans quel but ? Les analyses divergent : les jeunes filles sont formées soit pour être de futures épouses modèles, soit pour rechercher la beauté du corps et de l'esprit, dans l'idée de rendre ces futures femmes plus indépendantes. Dans la tradition grecque, une thiase est créée pour adorer un dieu, et dans celle de Sappho, le dieu est une déesse : Aphrodite. On la célèbre en chantant les textes de Sappho, accompagnés de musique, d'une lyre, d'un *barbitos* (sorte de lyre mais plus grave) ou d'un *pectis*, une petite harpe qui se tient sur la cuisse ; autant d'instruments que l'on retrouve dans les écrits de la poétesse. Elles-mêmes musiciennes et danseuses, les apprenties ont la possibilité de s'approprier les mots de Sappho en chantant elles aussi leurs désirs, et en disant « je ». On les imagine moduler sur une mélodie ce texte passionné, traduit par Renée Vivien, « Ode à une femme aimée » :

Il me paraît l'égal des dieux, l'homme qui est assis dans ta présence et qui entend de près ton doux langage et ton rire désirable, qui font battre mon cœur au fond de ma poitrine. Car lorsque je t'aperçois, ne fût-ce qu'un instant, je n'ai plus de paroles, ma langue est brisée, et soudain un feu subtil court sous ma peau, mes yeux ne voient plus, mes oreilles bourdonnent, la sueur m'inonde et un tremblement m'agite toute ; je suis plus pâle que l'herbe, et dans ma folie je semble presque une morte… Mais il faut oser tout…

« Mais il faut oser tout… »

La créatrice se double d'une grande théoricienne. Le philosophe Plutarque, dans son traité *De la musique*, cite Sappho comme étant celle qui a inventé le mode mixolydien. La musique, dans l'Antiquité, est composée selon des modes qui diffèrent en fonction de ce qui est évoqué : lamentation, ivresse, joie, force et courage… Chaque mode suit une gamme précise, c'est-à-dire une succession de notes jouées d'une certaine manière. Il existe un mode dorien, phrygien, hypodorien, lydien, etc. Le mode mixolydien créé par Sappho incarne plutôt la tristesse, le pathétique ou la plainte.

Sappho est ainsi citée par de nombreux philosophes et auteurs, elle compte parmi les artistes les plus respectés de l'Antiquité : on parle de plus d'une centaine de citations de son nom ou de son œuvre dans les textes anciens. Sa réputation perdure, mais pas toujours sous un jour très flatteur. Des centaines d'années après sa mort, la liberté de ses textes qui évoquent l'amour, le désir et la passion, notamment par une femme et pour les femmes, affole le patriarcat et l'Église. Le poète Ovide, dans *L'Art d'aimer*, l'évoque comme une femme « obscène ».

Comment faire alors pour garder la mémoire d'une artiste au talent reconnu mais aux mœurs impures ? On crée un mythe autour de son personnage en la dédoublant. Sappho aurait été mariée et mère, mais aurait aussi eu des amants et des amantes. On lui attribue même un coup de foudre, non réciproque, pour Phaon – homme réputé pour sa grande beauté –, un amour impossible qui aurait poussé la poétesse à se jeter du haut d'un rocher. Le mythe devient une réalité pour les historiens d'alors. Toutes les informations sur Sappho sont séparées pour créer, d'un côté, une poétesse célèbre menant une vie de famille bien rangée, de l'autre une prostituée sulfureuse. Cette distinction entre la créatrice et la putain permet de préserver les poèmes des mœurs impures dont on accuse Sappho.

Mais tout ne sera pas conservé. Au Moyen Âge, de nombreux poèmes signés par la poétesse sont détruits. Aujourd'hui, les quelques textes conservés offrent aux artistes certaines des plus belles pages de la poésie antique et inspirent des ensembles musicaux qui cherchent à recréer cette musique. En fermant les yeux, écouter cette musique nous plonge deux mille ans plus tôt. On tâche de reconstituer les instruments de ces temps anciens, comme le *pectis*, qui sonne comme une guitare dont on aurait distendu les cordes. Dans ces retranscriptions, la voix occupe le premier plan ; les instruments ne sont là que pour accompagner la poésie, tantôt percussifs, pour marquer le tempo, tantôt mélodiques pour doubler le chant. Et non loin de l'île de Lesbos, des centaines d'années après la disparition de Sappho, une autre musicienne a peut-être entendu ces chants…

Cassienne, la rebelle de Constantinople

Riche, belle et cultivée, Cassienne de Constantinople, Kassia de son surnom, est invitée à une cérémonie organisée par l'empereur Théophile pour trouver sa future épouse – on ne commentera pas cette préfiguration du *Bachelor* à la sauce byzantine. Le chroniqueur Syméon le Logothète (xe siècle) rapporte l'anecdote. La « beauté inégalée » de Kassia impressionne l'empereur, qui lui adresse la parole en faisant référence au péché originel : « Par la femme ô combien de choses terribles nous sont arrivées ! » La jeune femme aurait rétorqué, renvoyant implicitement à la Vierge Marie : « Mais également par la femme des choses meilleures se produisent. » Les versions diffèrent sur les mots qu'elle aurait vraiment prononcés, mais de la part d'une jeune fille à marier, ce n'étaient certainement pas les bons. Faire preuve de repartie, d'esprit et d'érudition face à l'homme le plus puissant de la région déplaît. Théophile se détourne de Kassia et offre la pomme d'or à une autre, qui deviendra l'impératrice Théodora.

Puisqu'à Byzance une femme se marie ou devient nonne, Cassienne de Constantinople ne deviendra jamais impératrice mais higoumène : abbesse orthodoxe. Portée très tôt par la religion, elle a dans son monastère toute la liberté de créer : des hymnes religieuses*, des textes, des poèmes… Or contrairement à ceux de Sappho, des manuscrits de ses œuvres musicales ont été conservés. Aujourd'hui, la musique de Cassienne de Constantinople peut être interprétée de manière un peu plus fidèle que celle de Sappho. Il est toutefois difficile d'imaginer comment ses chants et musiques sonnaient réellement à l'époque, et les artistes qui s'y frottent prennent des libertés : une même mélodie peut ainsi être jouée de manière très différente selon l'enregistrement.

Y a-t-il eu d'autres compositrices de l'époque byzantine ? Oui, nous dit la musicologue Diane Touliatos, mais la plupart des partitions de cette époque sont signées par des titres de fonction ou des lieux d'origine, rarement par un nom, ou seulement s'il vient d'une lignée de musiciens. Ainsi, on a retrouvé les traces d'une certaine Hagia Sophia de Constantinople, dont un manuscrit est signé : « Écrit par la fille de Joannes Kladas », lui-même musicien. Kassia, elle, n'a pas à signer ses œuvres du nom de son père. Diane Touliatos écrit qu'elle est « une des femmes les plus belles et les plus éduquées de l'Empire ». Sûrement l'une des plus talentueuses aussi, car Kassia est connue autant pour ses œuvres musicales que pour sa

* Quand le terme désigne des chants religieux, « hymne » est le plus souvent féminin.

prose. Dans la tradition orthodoxe byzantine, les deux vont de pair, les « hymnographes » écrivent la musique et les textes de leurs hymnes.

Mais écrire une musique virtuose ne suffit pas. La finesse des vers de l'abbesse repose aussi sur ses savoirs. Il faut avoir une pratique de la rhétorique, ainsi qu'une connaissance approfondie de la Bible et de la vie des saints, ce que Cassienne mobilise avec une maîtrise parfaite. Toujours plus géniale, la compositrice s'approprie certains textes religieux et y apporte une touche féministe. Dans son hymne *I en polles amarties* par exemple, l'abbesse raconte le passage de l'Évangile selon saint Luc qui met en scène une pécheresse venue embrasser et couvrir de ses larmes les pieds de Jésus. Au lieu de présenter la scène d'un point de vue surplombant, Kassia entre dans les pensées de cette femme et la fait parler à la première personne : « Je baiserai tendrement tes pieds sacrés, je les essuierai à nouveau avec mes cheveux. »

La compositrice sera la seule femme citée plus tard (jusqu'au XVIe siècle) parmi les grands hymnographes de l'Église byzantine. D'autres ont composé, écrit, créé, mais seuls les textes de Kassia ont pu être intégrés à la liturgie byzantine. Certaines de ses hymnes ont été attribuées à des hommes car jugées trop subtiles et trop bien écrites pour une femme. Mais les recherches prouvent bien que tout ce que l'on a retrouvé de cette abbesse vient de sa main et de son esprit ingénieux.

Ses textes font étalage d'une liberté, d'une fougue, d'une intelligence et d'un franc-parler dignes d'une femme ayant osé un jour provoquer l'empereur. L'une de ses hymnes, que l'on peut encore entendre aujourd'hui, proclame :

« Je hais le silence quand il est temps de parler. »

Je hais le riche qui se plaint comme s'il était pauvre.
Je hais celui qui parle avant de réfléchir.
Je hais celui qui enseigne mais qui ne sait rien.
Je hais l'infidèle qui juge le fornicateur.

Et concluons par ce vers formidablement actuel :

Je hais le silence quand il est temps de parler.

Hildegarde de Bingen, star historique des compositrices

Une qui n'avait pas sa langue dans sa poche vivait en Hesse rhénane (aujourd'hui Allemagne). Hildegarde de Bingen passait son temps entre le couvent qu'elle dirigeait et la forêt qu'elle arpentait pour y trouver de nouvelles plantes au pouvoir guérisseur. Elle sortait parfois de cette routine pour aller prêcher face à des foules venues l'écouter. Et quand elle n'était pas occupée à prier, à ramasser des champignons, à écrire des lettres de conseil à l'empereur, à dessiner, à étudier la lune et les étoiles ou à gérer la vie dans son monastère, Hildegarde de Bingen composait.

Née en 1098 dans une famille noble, elle est la benjamine d'une fratrie de dix enfants. La jeune fille quitte sa famille à l'âge de 7 ans pour suivre l'éducation d'une religieuse bénédictine, Jutta de Sponheim. Ce départ est forcé, voulu par la tradition de l'époque qui impose aux familles nombreuses de confier plusieurs de leurs enfants à la vie monastique. Cependant, Hildegarde possède déjà quelques prédispositions pour la religion. Dès 3 ans, elle raconte ses premières visions : elle entend des voix divines, elle ne contrôle plus sa parole et ses gestes, elle voit une grande lumière avant de reprendre ses esprits. Personne ne l'écoute vraiment, c'est une petite fille, et il lui faudra plus de quarante ans avant de pouvoir de nouveau exprimer ses visions mystiques, en mots et en images, dans un ouvrage, *Scivias* : « Connais les voies ».

Entre l'enfant qui prononce ses vœux perpétuels pour entrer dans un couvent à 15 ans et la femme qui écrit des livres, dirige une communauté, conseille les puissants de l'Église et voyage en tous lieux pour prêcher, il y a toute une histoire, difficile à résumer tant les interprétations ont, depuis, brouillé les pistes. En revanche, tout ce qu'il reste d'Hildegarde de Bingen, ses textes, ses dessins, ses correspondances et sa musique, prouve une chose : c'était une femme de pouvoir. À la mort de Jutta de Sponheim, la prieure supérieure du couvent où elle a grandi, Hildegarde de Bingen est élue par les sœurs abbesse du monastère de Disibodenberg. Elle a 38 ans. Quatorze ans après cette élection, en 1150, l'abbesse crée sa propre communauté et fonde l'abbaye de Rupertsberg dont il ne subsiste aucune trace aujourd'hui.

Dans les couvents qu'elle dirige, Hildegarde de Bingen impose des règles originales, comme celle sur les tenues des religieuses pendant les jours de fête… Une supérieure qui se plaint de ce comportement luxueux et déplacé raconte : « Les nonnes chantent des psaumes debout dans le chœur, les cheveux déliés, et parées de voiles de soie blanche éclatante dont le bord touche le sol. Elles ont sur la tête une couronne dorée où sont harmonieusement incrustées des croix sur les côtés et sur la nuque, et une image de l'Agneau sur le front. On dit aussi que les sœurs ont à leurs doigts des anneaux d'or. » Critiquée pour ce penchant un peu bling-bling, Hildegarde de Bingen répond qu'à la manière d'une mariée qui se présente à son époux, la religieuse doit se parer pour se montrer devant le Christ.

Ses frasques comme ses écrits arrivent jusqu'à Bernard de Clairvaux, homme d'Église et grand réformateur de la religion catholique. Il l'encourage à parler de ses visions, et le pape lui-même, Eugène III, l'autorise à les partager. Cette validation suprême lui permet d'occuper une place de plus en plus importante dans la vie religieuse et d'avoir une grande liberté de création. Hildegarde de Bingen n'est pas une simple mystique puissante, elle est aussi guérisseuse, connaît les plantes, les arbres, les aliments et les éléments qui soignent. Elle se passionne pour l'astronomie, elle dessine, écrit des poèmes… Si l'on avait dû, comme pour Sappho, réinventer la vie de cette mystique, la dédoubler n'aurait pas suffi : Hildegarde de Bingen a vécu mille vies.

Concentrons-nous sur une de ces vies, celle de musicienne et compositrice. Instruite grâce à la musique religieuse, l'abbesse met ses talents d'écriture et ses dons artistiques dans la composition d'hymnes religieuses. Dans sa communauté, chaque service est accompagné en musique par des chants, des instruments... Ce mode de vie porté par l'art ne plaît pas à certaines instances religieuses plus rigoristes selon lesquelles la prière doit se faire en silence.

> « Dieu doit être loué
> avec tous les instruments
> de musique que les hommes
> sensés et ingénieux
> ont inventés. »

Mais pour Hildegarde de Bingen, « Dieu doit être loué avec tous les instruments de musique que les hommes sensés et ingénieux ont inventés ». Alors, pour combler son Dieu, elle compose plus de soixante-dix œuvres sacrées destinées aux offices, rassemblées dans un cycle intitulé la *Symphonie de l'harmonie des révélations célestes*. Elle va encore plus loin et met en musique son fameux texte mystique, le *Scivias*, qui devient l'*Ordo virtutum*, partition avant-gardiste qui se rapproche davantage du drame liturgique que d'une simple hymne religieuse. La compositrice met en scène ses visions, elle écrit le texte et la musique d'une sorte d'opéra avant l'heure. Dans cette œuvre, l'âme humaine, le diable et les vertus s'affrontent dans un combat moral à travers des chants d'une haute virtuosité. Bien sûr, la notation musicale de l'époque ne reflète pas la réalité de ce que l'on pouvait entendre dans l'abbaye de Rupertsberg, mais les experts s'accordent pour dire que cet *Ordo virtutum* exige de grandes capacités de la part des chanteuses, notamment au niveau de l'ambitus (l'étendue d'une voix), passant du très grave au très aigu.

Sans surprise, les œuvres de cette mystique résonnent comme une musique divine. Les voix sont aériennes, célestes, planantes. Parfois, Hildegarde de Bingen utilise des dissonances, des notes qui frottent mais pas longtemps ; très vite, une harmonie reprend le dessus, mettant en lumière les voix et les textes. Il faut une certaine agilité pour interpréter cette musique. Et une puissance. On est loin des chants religieux entonnés aujourd'hui dans les églises, écrits pour qu'une foule entière puisse les chanter en chœur sans trop de fausses notes. L'abbesse écrit des hymnes exigeantes, transcendantes, et on l'imagine dicter sa musique aux autres religieuses et la diriger pour en faire une œuvre d'art à part entière.

Longtemps, l'image de la compositrice a été éclipsée au profit de son statut de guérisseuse. Pendant les mouvements hippies, des instituts hildegardiens ouvrent leurs portes suivant les préceptes de cette naturopathe médiévale. Plus tard, dans les années 1980, l'œuvre d'Hildegarde de Bingen est redécouverte grâce notamment aux enregistrements de l'ensemble Sequentia, spécialisé dans le répertoire de la musique du Moyen Âge. Hildegarde de Bingen devient une des seules compositrices à figurer dans des albums de musiques anciennes, aux côtés de quelques noms masculins dont l'œuvre est la plupart du temps postérieure à celui de la compositrice allemande.

Sa musique continue d'inspirer les ensembles spécialisés, mais aussi de plus en plus d'artistes, comme la soprano Sabine Devieilhe, habituée aux grands rôles de l'opéra romantique ou baroque. Accompagnée par le musicien électro Superpoze, la chanteuse française s'est approprié les chants d'Hildegarde de Bingen lors du festival Variations en décembre 2019. Ne reste dans cette interprétation, délivrée des contraintes de fidélité aux partitions historiques, que la voix, sublime et magnifiée par le minimalisme de la musique électronique. Cela montre l'engouement que suscite cette compositrice mystique, des siècles après sa mort.

Si l'Allemagne peut se vanter d'avoir une personnalité du monde médiéval aussi importante qu'Hildegarde de Bingen, la France n'est pas en reste…

Trobairitz : l'exception française

Na Castelloza porte une robe courte, on voit ses jambes vêtues de bas rouges. Elle est en posture de prière. Sur une croix posée au sol, un agneau blanc est couché. C'est la représentation d'une pécheresse repentie. Béatrice de Die, elle, est une danseuse enceinte, qui porte une robe fendue jusqu'aux genoux et des bottines lacées avec des nœuds rouges. Quant à Azalaïs de Porcairagues, elle soulève jusqu'aux cuisses une robe au décolleté plongeant. Des bas rouges tombent sur ses pieds fourchus. Les trobairitz seraient-elles des femmes indécentes, d'affreuses sorcières ou, pire, le diable incarné ? À en croire la description, par la spécialiste de littérature médiévale Angelica Rieger, des miniatures représentant ces troubadours au féminin dans le chansonnier de Béziers : oui. Dans cet imaginaire, ce sont des femmes de mauvaise vie. Cette image dégradée des compositrices du Moyen Âge s'est accentuée longtemps après leur disparition. Par exemple, au XIXe siècle, le linguiste et philologue Alfred Jeanroy estime que la poésie de ces musiciennes est un « choquant oubli de toute pudeur et de toute convenance ». La raison ? Comme Sappho, ces femmes parlent d'amour, en toute liberté.

À l'inverse des troubadours, qui composent pour répondre à des besoins matériels et pour vivre, les trobairitz écrivent et chantent pour le plaisir. Nobles, riches et instruites, elles font toutes partie de la haute société. Cette distinction entre les hommes et les femmes est sensible à travers les textes poétiques écrits à cette période. Tandis que les troubadours sont soumis à une règle stricte – louer et honorer celui ou celle qui leur a passé commande –, les trobairitz, elles, peuvent laisser libre cours à leur imagination et produire des œuvres beaucoup plus intimes. L'amour demeure le thème principal de toute la poésie lyrique du XIe au XIIIe siècle, période dominée par la *fin'amor*, ou amour courtois. Ce genre met en lumière une sorte de modèle idéal à travers la courtoisie. Un homme, pour mériter l'amour d'une femme, doit avoir un certain nombre de qualités et les prouver. La femme, elle, est une figure inaccessible qu'il faut atteindre par son sens de l'honneur, sa noblesse de sentiments et une forme de soumission. Autrement dit, une princesse en haut de sa tour attend que le prince prouve sa valeur en tuant des dragons et vienne l'épouser. Les textes de troubadours vont dans ce sens et cherchent à charmer les dames de la Cour. Or les femmes ne peuvent pas appliquer cette codification à leurs poèmes. Elles vont donc créer un genre spécifique, une œuvre qui ne s'inscrit pas directement dans la *fin'amor* et qui sera plus franche, plus directe, presque provocatrice. À l'inverse, les œuvres masculines prennent toutes les pincettes du monde pour aborder le sujet amoureux et ne pas froisser les gentes dames. Les quelques poésies de trobairitz sauvées à travers les siècles ressemblent à des journaux intimes où sont livrés des sentiments profonds, ou carrément coquins, comme on peut le lire dans le poème « Grande peine m'est advenue » de la comtesse de Die :

Je voudrais bien tenir mon chevalier,
Un soir, nu, entre mes bras ;
Et qu'il s'estime comblé
Pourvu qu'il ait mon corps pour coussin
Car j'en suis plus amoureuse
Que ne fut Flore de Blanche fleur
Je lui donne mon cœur et mon amour,
Mon esprit, mes yeux et ma vie.

« Je voudrais bien tenir mon chevalier, Un soir, nu, entre mes bras »

Comtesse ? Peut-être. Les sources retracent difficilement sa lignée mais s'accordent sur son prénom, Béatrice. Béatrice de Die, ou Beatritz de Dia en occitan. Cette trobairitz vient de la Drôme et consacre sa vie à la poésie, à la musique et au chant. La majorité de ses contemporaines vient aussi du Sud de la France. Dans le Nord, on retrouve des trouvères qui composent en langue d'oïl, et aucune trace de compositrices. Elles ont peut-être existé, mais leurs œuvres et noms ont été perdus. Dans le Sud, au contraire, les trobairitz sont bien visibles : on en compte une vingtaine sur environ quatre cents troubadours identifiés. Comment expliquer ce décalage ? Par une situation politique favorable : en Occitanie, l'heure est à la noblesse, à l'art, au luxe. Et deux codes, le justinien et le théodosien, donnent aux femmes certains « privilèges », comme la possibilité de rester propriétaires de leur dot après le mariage, ou de recevoir la même part que leurs frères lors de partages de biens. Sur toute la période médiévale, et dans cette toute petite région à l'échelle de l'Europe, se produit un phénomène rare : les femmes ont des ressources et le droit de créer.

Parmi les œuvres conservées de ce répertoire, la plupart sont des poèmes sans notation musicale. Or tout ce qui est écrit par les troubadours et trobairitz doit être chanté et accompagné par des instruments de l'époque, comme la vielle, ancêtre du violon, instrument le plus prisé du Moyen Âge pour son expressivité et sa proximité avec le timbre de la voix. On chante la mélodie d'une seule voix : la polyphonie arrivera plus tard, d'où la primauté du texte sur la musique. Les poèmes, avec leurs rimes, leur structure, les mots utilisés sonnent déjà comme une chanson, et l'art vise justement à maîtriser à la perfection la langue d'oc et à la magnifier.

Outre les poèmes, d'autres traces de trobairitz indiquent à qui nous avons affaire. Dans les miniatures, elles ne ressemblent pas toutes à des sorcières, au contraire. La plupart du temps, ces musiciennes sont représentées en longue robe unie, souvent rouge. Sur certains portraits, des signes de noblesse apparaissent : des boutons pour fermer manches et encolures, ou de la fourrure. Ces femmes adoptent toutes la même posture : une main dans la poche (car les robes ont alors des poches !) ou derrière le dos, une autre levée comme pour déclamer. Troubadours et trobairitz sont représentés dans le feu de l'action : le chant. Preuve qu'au-delà de la création, ces artistes sont la plupart du temps interprètes. Dans ces mêmes représentations, la comtesse de Die se distingue des autres par le nombre de fois où elle apparaît, mais aussi par la manière dont elle est représentée : ici avec un long manteau en hermine, et là avec, posé sur sa main droite, un faucon, symbole seigneurial.

En 1888, une statue à son effigie est érigée dans la ville de Die. Comment, à travers les siècles, cette femme a-t-elle acquis une telle reconnaissance ? Grâce notamment à une chanson : *A chantar m'er.* C'est la seule poésie avec musique retrouvée parmi tous les textes écrits par des trobairitz. Difficile de se faire une idée de la beauté du poème sans être bilingue en langue d'oc... L'un des grands experts de la poésie de cette période, l'historien François Raynouard, affirme : « Je ne crois pas que jamais l'élégie amoureuse ait mis autant de grâce et d'abandon à exprimer une affection aussi tendue et aussi passionnée. C'est le sentiment le plus vrai, le plus exquis qui a dicté cette pièce. » La traduction offre un aperçu de l'ambiance du récit, une histoire d'amour malheureux :

Je m'étonne que votre cœur soit si fier
Mon ami, envers moi ; aussi j'ai des raisons d'avoir mal
Ce n'est pas juste qu'un autre amour vous prenne à moi
Peu importe ce qui vous a été dit ou promis.
Souvenez-vous du commencement
De notre amour ! Que Dieu fasse
Que cette séparation ne soit rien de ma faute.

Dans les archives médiévales, on résume souvent la vie de cette musicienne à ces deux lignes : « La comtesse de Die épousa Guillaume de Poitiers, elle était belle et bonne, devint amoureuse du seigneur Raimbaut d'Orange et fit à son sujet maintes bonnes poésies. » Seulement, les sources de cette *vida* (courte biographie d'un troubadour ou d'une trobairitz écrite au XIIIe siècle) sont peu fiables.

Souvent, les textes sont mal renseignés, exagérés sinon complètement faux. Les recherches sur Béatrice de Die ont apporté des éléments contradictoires sur sa vie, jusqu'à la dédoubler, comme pour Sappho : peut-être existait-il une mère et sa fille ? Autre grand sujet d'interprétation : sa musique. Parmi toutes les versions que l'on peut entendre de sa chanson *A chantar m'er*, pas une ne ressemble à l'autre. Cela vient de la notation de la musique de cette époque : pas de mesures inscrites, pas de rythmes et pas d'indications sur les instruments qui accompagnent le chant. Nous avons des notes, que chaque interprète peut faire sonner comme il, ou en l'occurrence elle, l'entend.

Dans ses enregistrements, Montserrat Figueras utilise les ornementations comme pour mieux faire vibrer sa voix et faire entendre toute son émotion. Réputée pour avoir porté le répertoire ancien, la chanteuse espagnole teinte de mélancolie et d'émotion toutes ses interprétations, sans jamais user de subterfuges. Ni vibratos ni effets qui pourraient transformer le son de son chant. À l'entendre, on perçoit tout de suite la plainte, la déclaration d'amour, la tristesse ou la joie. Dans *A chantar m'er*, on pleure avec elle cet amour déçu, perdu…

Les témoignages si rares sur ces trobairitz ont été ternis au fil des siècles par leur mauvaise réputation, une image qui semble avoir pris le dessus sur la noblesse de leur art. Il faut attendre les années 1970 et les mouvements féministes pour que leurs œuvres et récits soient remis au goût du jour, notamment par les recherches de Meg Bogin, qui sort de l'ombre une vingtaine de compositrices médiévales. Le monde musical va aussi s'emparer discrètement de ce corpus. Mais comment mettre en musique des poèmes dépourvus de toute indication musicale ? En suivant un procédé répandu au Moyen Âge : coller une musique sur des poèmes de même structure. Ainsi une même mélodie peut être jouée sur des textes écrits par différentes personnes. En comparant les poésies des trobairitz avec certaines œuvres de troubadours mises en musique, des ensembles spécialisés ont pu interpréter des chansons sans trahir la musique. Trace inestimable d'une œuvre féminine qui, pendant deux siècles, a résonné dans tout le Sud de la France.

De la musique antique à la musique médiévale, c'est-à-dire pendant plus de dix siècles, les femmes ont participé à la vie musicale. Les représentations picturales de musiciennes attestent leur présence, les premières partitions, notées pour voix masculines et féminines, confirment qu'elles chantaient, et les noms de compositrices évoqués dans ce premier chapitre prouvent que la composition n'a jamais été une affaire exclusivement masculine. Même au Moyen Âge, période que l'on considère souvent comme barbare pour les femmes, elles ont trouvé les moyens de se faire entendre.

À la Renaissance, elles se font plus rares, d'où cette impasse volontaire sur une période pourtant riche sur le plan musical. Le développement de la polyphonie et l'arrivée de l'imprimerie permettent de diffuser un grand nombre de partitions. Dans ce contexte, une pionnière se détache : elle s'appelle Maddalena Casulana, compositrice italienne qui devient la première femme à imprimer et à publier sa musique en Italie. La musicienne s'est illustrée dans l'écriture de madrigaux, une forme vocale *a cappella* très en vogue pendant la Renaissance. Cependant, peu d'éléments sur sa vie ont été conservés, excepté sa musique, d'une grande finesse.

Ce n'est pas un hasard si cette compositrice est originaire d'Italie. Le pays vit pour la musique, et c'est dans les terres italiennes que la musique baroque va faire son apparition en même temps qu'un genre indétrônable depuis : l'opéra.

Playlist 1

Iphigenia in Aulis par l'ensemble Kérylos, spécialisé dans la musique de la Grèce antique

Reconstitution de musiques de la Grèce antique sur des poèmes de Sappho et de ses contemporains, par l'ensemble Melpomen

Byzantine Hymns of the First Female Composer of the Occident, par l'ensemble VocaMe

Hildegarde de Bingen, *Inspiration (Hildegard von Bingen: Lieder und Visionen)*, par l'ensemble VocaMe

Hildegarde de Bingen, *Ordo virtutum*, par l'ensemble Sequentia

Hildegarde de Bingen, improvisations sur « *O quam mirabilis* » par la Maîtrise de Radio France

Variations : Superpoze et Sabine Devieilhe jouent Hildegarde de Bingen

Béatrice de Die, « A chantar m'er », interprété par Montserrat Figueras dans *Chants de troubadours*, par l'ensemble Hesperion XX

2

LES STARS DU BAROQUE

Si vous entendez quelques notes de clavecin, de flûte à bec ou de viole de gambe (instrument à l'honneur dans le film d'Alain Corneau *Tous les matins du monde*), il y a des chances que vous soyez en train d'écouter de la musique baroque. Les instruments de musique ne servent plus seulement à accompagner la voix, ils incarnent la mélodie, tantôt pour danser, tantôt pour décrire la nature ou un état de conscience. C'est le début des sonates et des concertos, et le début, aussi, des virtuoses, car la musique baroque joue avec l'improvisation, et plus encore avec la flamboyance. On y trouve de nombreuses femmes. Les musiciennes ne sont pas (encore) exclues de la vie musicale, leurs voix sont sollicitées, et certaines parviennent même à se hisser au rang des compositrices influentes au sein des plus grandes cours d'Europe. Pour commencer ce voyage, cap sur l'Italie, berceau de la musique baroque, et pays le plus favorable aux créatrices.

Les orphelines de Venise

Au cœur de cette ville italienne, la musique résonne « dans la rue, sur les canaux, sur les gondoles, partout sur les places ». L'historien Patrick Barbier explique cette omniprésence par le silence qui règne sur la ville. Au XVIIIe siècle, Venise ne connaît aucun bruit : les gondoles filent sans agitation, les ruelles ne supportent aucun véhicule qui ferait gronder les pavés, la ville est figée dans une tranquillité qui, parfois, peut être difficile à supporter. Les chants et les instruments de musique permettent alors de compenser le silence vénitien. Les artistes, professionnels ou non, pullulent. De toutes les formations musicales, la plus aboutie, la plus spectaculaire et la plus enviée vient des *ospedali*. Difficile de traduire ces lieux si particuliers, entre l'hospice et le conservatoire, l'orphelinat et le couvent : les *ospedali* recueillent les enfants abandonnés de la république de Venise. Ils sont au nombre de quatre : celui qui nous intéresse est le plus ancien, l'Ospedale della Pietà, fondé en 1346, et n'accueille que des filles, orphelines, enfants illégitimes ou nées dans des familles défavorisées. Elles y sont hébergées, nourries et éduquées pour la vie religieuse ou maritale. Il n'existe aucun critère d'entrée, sauf… la taille, puisque les bébés sont déposés via une trappe étroite près de la porte d'entrée.

Ces établissements publics, gérés par des gouverneurs (donc laïcs), offrent tout de même une place de choix à la religion. Chaque *ospedale* possède une chapelle dans laquelle sont donnés des offices chantés. Une des premières missions pour les enfants sera donc d'assurer la chorale pour ces messes publiques. Problème pour la Pietà : ce ne sont que des jeunes filles, or les femmes n'ont pas le droit de chanter dans les lieux de culte catholiques – et ce, depuis le deuxième synode d'Auxerre en l'an 578 qui bannit les femmes des chants d'église. L'interdiction perdurera jusqu'au XXe siècle. Et avant 578 ? Les femmes avaient l'autorisation de chanter dans les églises, mais dans un chœur séparé de celui des hommes (synode d'Antioche, 379). Il faudra attendre 1953 pour que le pape Pie XII autorise les femmes à chanter, mais hors de l'enceinte du chœur, évidemment. Il déclare, avec la même prudence que ses prédécesseurs de 379 : « Les hommes sont séparés des dames et jeunes filles pour éviter tout inconvénient. »

En 1983, ces interdictions sont enfin levées, puis rediscutées quatre ans plus tard par la Congrégation pour le culte divin et la discipline des sacrements, qui réitère l'interdiction pour les femmes de faire partie d'une chorale à l'église… Aujourd'hui, il y a encore quelques réticences à accepter des jeunes filles dans les chorales liturgiques à dominante masculine, mais cela reste des exceptions. Ce qu'on peut conclure de ces siècles d'hésitations est que pendant deux mille ans la religion catholique se prive de voix de femmes ou de chœurs mixtes au sein de ses églises. Seules les religieuses transgressent la règle ainsi que les jeunes filles de la Pietà. Un privilège qui fait forte impression sur les voyageurs et voyageuses de passage dans la cité vénitienne, comme la peintre

« Aucune musique n'égalait celle que j'ai entendue à Venise. »

Élisabeth Vigée Le Brun qui écrit dans les années 1770 : « Je puis dire néanmoins qu'aucune musique n'égalait celle que j'ai entendue de même à Venise dans une église. Elle était exécutée par des jeunes filles, et ces chants si simples, si harmonieux, chantés par des voix si belles et si fraîches, semblaient vraiment célestes ; les jeunes filles étaient placées dans des tribunes élevées et grillées ; on ne pouvait les voir, de sorte que cette musique venait du ciel, chantée par des anges. »

Pourquoi ces filles ont-elles le droit de chanter dans des lieux sacrés et, plus tard, de se produire en public lors de concerts organisés par les *ospedali* ? Tout simplement parce que ces enfants abandonnées sont cloîtrées comme des religieuses. Elles sont pures et vierges, conditions nécessaires pour donner de la voix dans une église. En d'autres mots, elles sont considérées comme des anges, créatures sans sexe. Mais c'est l'effet inverse qui se produit. Elles provoquent, sans le vouloir, un fantasme : vues sans être vues, elles se devinent derrière un grillage, leurs silhouettes de jeunes filles se dessinant dans les tribunes, et leurs voix, telles celles des sirènes, attirent et séduisent les visiteurs. Les chœurs de la Pietà, au-delà de la qualité musicale, deviennent une attraction touristique. Ce qu'ont bien compris les gouverneurs de l'établissement, qui vont organiser des concerts, faire appel aux meilleurs compositeurs de la ville, et aller jusqu'à recruter des jeunes filles pour leurs talents musicaux, et non plus sur des critères de charité.

Une véritable compétition s'installe entre les différents *ospedali*, mais la Pietà va les surpasser en prestige avec l'arrivée d'un personnage, un maître de violon nommé Antonio Vivaldi. Face à ces brillantes musiciennes – les moins douées pour la musique sont reléguées à l'apprentissage des tâches ménagères et des travaux manuels – Vivaldi compose. Côté voix, pour plus de profondeur et de virtuosité, les jeunes chanteuses se divisent en quatre, comme dans un chœur mixte : les sopranos, les altos, les contraltos, qui prennent la partie de ténor normalement assurée par des hommes, et les basses, avec une transcription à l'octave supérieure, donc plus aiguë. Côté orchestre, les instruments les plus graves (violoncelles, bassons...) accompagnent la section basse du chœur, donnant un rendu tout aussi beau que s'il y avait des voix d'hommes. Les filles de la Pietà assurent toute la musique : on retrouve donc des instrumentistes à tous les pupitres, y compris à des instruments qui, un siècle plus tard, seront décrétés « masculins » et interdits aux femmes, mais on y reviendra.

Ces forces vives musicales permettent à Vivaldi et d'autres compositeurs de l'époque de proposer des œuvres virtuoses, à travers notamment deux grandes formes : l'oratorio (opéra sans mise en scène) et le concerto (œuvre pour orchestre et instrument solo). Les solistes les plus talentueuses peuvent alors briller, mais presque toujours dans l'anonymat. Car on ne connaît pas, pour la majorité d'entre elles, leurs noms de famille. Chaque pensionnaire est appelée par son prénom et sa fonction musicale : soprano, trompettiste, organiste ou violoniste, comme Anna da Violin, une des favorites de Vivaldi qui compose pour elle de nombreux concertos pour violon... Cette orpheline a passé toute sa vie au sein de la Pietà. Musicienne brillante, elle joue du violon mais aussi du violoncelle, du hautbois, du luth, de la mandoline, du clavecin et de la viole d'amour. Ce dernier instrument est un cousin du violon sur lequel on ajoute une seconde rangée de cordes, appelées *sympathiques*, qui vibrent sans être touchées par l'archet. L'origine de son nom vient soit du monde oriental – l'instrument s'appelait alors viole des Maures (peuple nomade d'Afrique du Nord) et s'est transformé en viole d'amour au fil du temps –, soit de la tête de femme aux yeux bandés – symbole de l'amour aveugle – sculptée à l'extrémité de l'instrument.

Anna da Violin compose et enseigne son savoir aux plus jeunes pensionnaires. Toutes ne vont cependant pas rester cloîtrées dans l'*ospedale*. Celles qui se marient peuvent quitter l'établissement à une condition : ne jamais donner de concerts ou user de leur talent musical à des fins commerciales. Les jeunes filles de la Pietà qui partent abandonnent donc toute potentielle carrière. Certaines dérogent à la règle et se font même un nom dans la vie musicale vénitienne, comme les compositrices et chanteuses Vincenta da Ponte, Anna Bon – admise à l'*ospedale* comme étudiante à 5 ans et non comme pensionnaire – ou encore Maddalena Laura Sirmen, compositrice et violoniste, elle aussi admise à l'Ospedale dei Mendicanti comme élève (dans ces cas-là, la scolarité est payante) et qui, une fois diplômée, se construit une belle carrière de musicienne et de compositrice.

Mais sur le millier de pensionnaires que pouvait accueillir l'Ospedale della Pietà, ces noms-là font figure d'exception. La plupart des musiciennes, même les plus talentueuses, sont tombées dans l'oubli une fois le mariage scellé ou la vie religieuse adoptée. Ces géniales musiciennes, qui consacraient leurs journées à se former auprès des plus grands maîtres de Venise, sont restées des anonymes.

Rumeurs, opéra et nonne rebelle

Elle pose en jupe rouge, des fleurs dans les cheveux, les joues rosies, et tient une viole de gambe dans sa main gauche. Sa poitrine semble exploser sous un corsage laissant entrevoir ses tétons. Que représente ce tableau ? Une courtisane ? Une prostituée ? Non, cette toile peinte en 1630 intitulée *La Joueuse de viole de gambe* a récemment été identifiée comme étant le portrait de Barbara Strozzi (1619-1677), compositrice reconnue de l'Italie baroque. Comme il n'existe aucune autre représentation de cette musicienne, le doute persiste. Mais il est trop tard : l'image d'une Barbara Strozzi légère, voire en « femme de mauvaise vie », s'affiche partout, jusqu'à sa page Wikipédia, rendant difficile sa réhabilitation comme compositrice de premier plan, sérieuse et respectée.

Comment expliquer cette différence de traitement, quand on observe la sobriété, voire la gravité qui imprègnent les portraits d'hommes compositeurs ? L'époque interdit aux femmes, on vient de le voir, de donner de la voix dans les églises et les chanteuses d'opéra sont souvent considérées comme des courtisanes. Barbara Strozzi, qui est à la fois chanteuse, instrumentiste et compositrice, n'échappe pas aux rumeurs dégradantes, jusqu'aux plus hautes sphères de la société. Car son nom circule beaucoup dans les milieux musicaux et intellectuels. On commente son œuvre, son talent et on se méfie d'elle… La musicienne choisit de ne jamais se marier et donne naissance à quatre enfants, de pères inconnus, qu'elle élève seule. Elle-même ne saura jamais vraiment qui est son père. Elle est adoptée par le librettiste Giulio Strozzi, grâce à qui la jeune fille reçoit une riche éducation, à la fois littéraire et musicale. Son père adoptif l'introduit dans des académies, lieux de rassemblements intellectuels où l'on demande à la jeune femme de composer sur le vif, en s'appuyant sur des textes écrits pour l'occasion. Elle excelle dans ces défis en tant que compositrice mais aussi en tant que chanteuse.

Le reste de sa biographie est succinct ; seul le nom d'un de ses professeurs de musique reste connu : Francesco Cavalli, un des compositeurs italiens les plus connus de la période baroque. Cette information apparaît sur le premier recueil d'œuvres de la compositrice, intitulé *Premier livre de madrigaux*, qui paraît en 1644. Le madrigal vient de la Renaissance, il se chante en polyphonie de deux à huit voix sur des textes poétiques profanes. Le premier recueil de Strozzi comporte uniquement des chansons d'amour sur des poèmes écrits par son père, mais on peut retrouver dans les madrigaux des sujets liés à la nature ou à la politique. Ce genre musical va s'essouffler au début de la période baroque, dans la première moitié du XVIIe siècle, tout en restant une sorte de baptême du feu pour les jeunes artistes. Barbara Strozzi, née en 1619, va suivre cette règle au début de sa carrière puis vite délaisser ce genre pour s'intéresser à d'autres musiques plus en vue comme les cantates, qui peuvent être profanes ou inspirées de textes religieux, et les arias, des airs composés pour faire briller la voix ou un instrument de musique.

Entre 1644 et 1677, Barbara Strozzi publie huit volumes de partitions vocales, ce qui fait un total d'environ cent vingt-cinq pièces, essentiellement de musique profane. Elle est la compositrice, tous genres confondus, la plus prolifique de son époque en Italie. Jouée dans des cercles intimes et intellectuels, sa musique raconte l'amour et la passion… Un des airs les plus connus aujourd'hui s'appelle *Che si può fare* (*Que puis-je faire*), une lamentation poignante qui figure dans le huitième et dernier recueil publié par Barbara Strozzi.

Que puis-je faire ?
Les étoiles n'ont pas de pitié et s'acharnent sur moi ;
Si le paradis ne me fait aucun signe
d'apaisement pour ma douleur
Que puis-je faire ?
Que puis-je dire ?

Grâce à ses publications, l'Italienne vit de manière indépendante, subvient seule aux besoins de ses enfants et devient ainsi la première compositrice professionnelle de l'histoire de la musique. Son nom est utilisé comme une référence sans qu'elle écrive une seule note d'opéra, genre musical qui prend pourtant son essor pendant la période baroque. De sa part, c'est un choix stratégique. En tant que musicienne, sa réputation est fragile, elle le sait et en fait les frais. S'exposer à l'opéra aurait sûrement davantage décrédibilisé son œuvre et affaibli sa position dans la société car, pour les femmes, la musique doit rester un loisir. Certaines, religieuses, aristocrates ou proches du pouvoir, font pourtant exception. C'est le cas de Francesca Caccini.

À l'inverse de Barbara Strozzi, cette musicienne originaire de Florence a évolué dans le monde lyrique : elle est considérée comme la première femme à avoir composé des opéras. Née en 1587, à cheval entre la Renaissance et la période baroque, Francesca Caccini a 20 ans lors de la première représentation de l'*Orfeo* de Monteverdi. Elle assiste donc à un tournant majeur de la musique classique. Cette représentation du 24 février 1607 à Mantoue marquerait la naissance de l'opéra. Pourquoi ? Parce que c'est la première fois que l'on assiste à une expression des sentiments des personnages. Si les premières formes de théâtre musical datent du Moyen Âge (on pense à Hildegarde de Bingen et son *Ordo virtutum*), la musique et le récit étaient jusque-là dissociés – autrement dit, l'histoire est racontée avec un accompagnement musical. Ici, le mythe d'Orphée et Eurydice n'est pas simplement chanté : il est interprété par les voix, mais la musique donne aussi la tonalité, l'ambiance, le sentiment. L'émotion musicale existait avant l'opéra. On pleure en écoutant certains madrigaux. Mais ce qui définit l'opéra, ce serait cette alliance entre le récit, la musique et la voix qui ensemble cherchent à provoquer l'émotion.

Difficile d'imaginer que Francesca Caccini soit passée à côté de la première de l'*Orfeo*. Peut-être n'y a-t-elle pas assisté car les représentations ne sont pas encore publiques (le premier théâtre lyrique ouvre en 1637), mais elle en a forcément entendu parler, d'autant que cette même année, en 1607, la musicienne entre à la cour des Médicis en tant que compositrice, interprète et professeure. Cet accès dans l'une des plus brillantes cours d'Europe n'est pas un hasard : son père, Giulio Caccini, lui-même musicien et compositeur, est un proche de la puissante famille. C'est aussi lui qui l'inspire et la pousse sûrement à se tourner vers l'opéra. Giulio Caccini signe en 1600 *Il rapimento di Cefalo* (*L'Enlèvement de Céphale*), une œuvre tout en *recitativo*, c'est-à-dire ni parlée ni chantée, entre les deux. Les voix sont soutenues par des chœurs, un orchestre, et la dramaturgie sublimée par des machines, des costumes et une mise en scène. On touche presque du doigt l'opéra. Il ne manque que les airs lyriques.

Formée auprès de son père, Francesca Caccini apprend le chant, différents instruments à cordes (luth, théorbe, clavecin, guitare, harpe), la composition mais aussi des techniques vocales novatrices. La jeune fille chante divinement bien, sa voix sera vite remarquée dans les cours italiennes mais aussi au-delà des frontières. Or les royaumes d'Europe ont besoin d'artistes de talent pour briller. C'est dans ce contexte qu'en 1604, Henri IV, roi de France, et sa femme, Marie de Médicis, demandent dans une lettre adressée à la cour des Médicis si Giulio Caccini et ses filles peuvent venir quelque temps servir la cour de France. Pour Francesca Caccini, cela marque aussi le début des enchères sur son mariage… La France et l'Italie se disputent la jeune femme. Le roi de France en personne déclare qu'elle est la meilleure chanteuse de tout le pays. Après de longs mois de discussions et coups tordus, c'est finalement la grande-duchesse Christine de Lorraine, épouse de Ferdinand Ier de Médicis, à Florence, qui récupère la musicienne et arrange un mariage avec un de ses protégés : le ténor, instrumentiste et accompagnateur de castrats Giovanni Battista Signorini.

Le 4 novembre 1607, Francesca Caccini l'épouse et, neuf jours plus tard, entre officiellement à la cour des Médicis. Après avoir grandi sous les ordres de son père, la jeune mariée se retrouve dans un univers très féminin, au service de la grande-duchesse. Outre les nombreuses domestiques, on y trouve des dames, des femmes issues de l'aristocratie, et des *donne*, femmes plus modestes, sans titres de noblesse, qui distraient le beau monde de la Cour grâce à la musique, au chant, au théâtre, à la danse… Francesca Caccini fait partie du second groupe. Elle intègre la Cour pour composer, chanter, jouer de différents instruments, pour enseigner aussi. Ces activités sont quotidiennes et rémunérées par la grande-duchesse Christine de Lorraine. Il semblerait que cette dernière soit parfaitement satisfaite de son employée puisque au bout de sept années de travail, Francesca Caccini voit son salaire mensuel doubler, faisant d'elle la musicienne la mieux payée de la Cour, voire de toutes les cours d'Europe…

Très en vue, Francesca Caccini est demandée pour que l'on mette en musique des poèmes ou des livrets. Elle est également souvent appelée à créer avec des contemporains masculins certaines œuvres pour la scène. Le 3 février 1625, le palais Pitti à Florence donne pour la première fois *La Libération de Roger de l'île d'Alcina*, œuvre de la compositrice italienne. Sur scène, des chevaux galopent, des danseurs et des danseuses se joignent au spectacle, accompagnés par un orchestre, des voix et toute une scénographie imaginée par Giulio Parigi. Les pièces théâtrales commandées par les cours italiennes sont des événements artistiques d'ampleur et souvent composées à plusieurs mains. Mais avec *La Libération de Roger*, Francesca Caccini signe une des rares pièces scéniques qui nous sont parvenues entièrement écrites par la même personne.

Cette œuvre est-elle un opéra ? Difficile de trancher. Ce débat concerne de nombreuses œuvres créées à cette période où le genre n'en est encore qu'à ses débuts. Si l'on veut donner le titre de pionnière à Francesca Caccini, pourquoi pas, mais ce qu'il faut retenir, c'est sa grande influence. Lors de cette première par exemple, toute la haute société florentine est réunie, à commencer par celle qui a commandé l'œuvre : Marie-Madeleine d'Autriche, grande-duchesse de Toscane et belle-fille de Christine de Lorraine. Si cette femme politique choisit Francesca Caccini pour composer l'événement musical et théâtral qui doit montrer toute sa puissance, c'est preuve de sa confiance envers la jeune femme. Preuve aussi des talents reconnus de la compositrice italienne.

La carrière de Caccini cesse à la mort prématurée de son époux en 1626. Elle se retrouve confrontée à un dilemme : se remarier mais renoncer à la garde de sa fille, Margherita Signorini, ou demeurer veuve mais passer le reste de ses jours auprès de sa belle-famille. Elle choisit la première option, laisse sa fille entre les mains de Christine de Lorraine, et épouse Tommaso Raffaelli. Ce mariage signe l'arrêt complet de sa carrière de musicienne auprès de la cour des Médicis. Ce n'est qu'à la mort de son deuxième époux, et après une lettre diplomatique où elle exprime son désarroi (« Aujourd'hui, je me retrouve seule, sans compagnie, abandonnée. Je n'ai plus rien au monde excepté mes enfants »), qu'elle retrouve Florence, sa fille, et une activité musicale bien moindre par rapport à ce qu'elle avait laissé à son départ.

> « Aujourd'hui,
> je me retrouve seule,
> sans compagnie, abandonnée.
> Je n'ai plus rien au monde
> excepté mes enfants. »

Francesca Caccini meurt en 1640, quelques années après le décès de celle qui lui a permis d'exercer son art en toute liberté, Christine de Lorraine.

D'autres compositrices italiennes baroques mériteraient un chapitre entier. L'époque semble favorable à de nombreuses femmes, qui prennent la liberté de créer. Barbara Strozzi et Francesca Caccini en sont la preuve et ont réussi à se faire un nom, l'une grâce aux cercles intellectuels, l'autre grâce à la protection d'un pouvoir avide d'art et de musique. Mais d'autres encore laissent une trace dans le monde musical, notamment via la musique religieuse. On pense à Isabella Leonarda, entrée au couvent à 16 ans et qui fut l'autrice de plus de deux cents œuvres. En plus d'être prolifique, la nonne est rebelle. Elle ne se contente pas d'écrire des motets, cantates, psaumes, messes ou vêpres, elle se frotte aussi à des musiques instrumentales profanes. En 1693, elle publie douze sonates, les plus anciennes connues et écrites par une femme. Même si, dans la musique baroque, une sonate peut être religieuse – on parle alors de « sonate d'église » (*sonata da chiesa*) –, chez Isabella Leonarda on ne retrouve pas les caractéristiques de cette forme, à savoir une allure solennelle et une structure en quatre mouvements. Les compositions de la religieuse comportent parfois jusqu'à treize mouvements et alternent de manière peu conventionnelle les ambiances, au lieu de se contenter d'un schéma traditionnel lent/vif/lent/vif.

Son titre de pionnière sur les sonates va rapidement être rattrapé par d'autres compositrices qui se mettent à ce genre instrumental, à l'image de Élisabeth Claude Jacquet de La Guerre que l'on retrouve en France dans une autre grande cour de l'époque : celle du roi Louis XIV.

L'art de La Guerre

Le 15 mars 1694 à Paris, l'Académie royale de musique lève son rideau sur une nouvelle production : *Céphale et Procris*. Dans la ville, tout le monde en parle depuis des semaines. Et pour cause, la compositrice de cette tragédie lyrique est une des artistes les plus en vue dans la capitale : Élisabeth Jacquet de La Guerre. Cet événement marque aussi une grande première en France : c'est le premier opéra composé par une femme donné à l'Académie royale (qui deviendra plus tard l'Opéra de Paris). Les répétitions se déroulent sans encombre, les quelques critiques présents se plaisent à imaginer un futur succès, comme l'écrit Hilaire Rouillé du Coudray : « Je fais grand fond sur le nouvel opéra de la petite La Guerre. J'en ai vu deux répétitions ; il sera fort bon. » La « petite La Guerre » fête cette année-là ses 29 ans et essuie son premier échec. Le public n'apprécie pas ce nouvel opéra et, après seulement cinq ou six représentations, le rideau se ferme définitivement sur *Céphale et Procris*.

Difficile d'expliquer le peu d'engouement pour cette œuvre. Prometteuse sur le plan musical, elle aurait souffert d'un livret faible, écrit par Joseph-François Duché de Vancy. Les lullystes y sont peut-être aussi pour quelque chose… Ces groupies de Jean-Baptiste Lully (compositeur star de

Louis XIV) ont sûrement exprimé leur mécontentement comme ils le font volontiers pour tout ce qui n'est pas écrit de la main de leur idole, disparu sept ans plus tôt. Autre hypothèse, et pas des moindres : la misogynie d'un public méfiant vis-à-vis d'une grande œuvre composée par une femme. L'opéra sombre plus ou moins dans l'oubli jusqu'à ce que le chef d'orchestre français Jean-Claude Malgoire s'en empare. En 1989, il donne avec son ensemble une représentation de *Céphale et Procris* à l'Opéra de Saint-Étienne, événement enregistré, ce qui nous permet enfin d'en profiter.

Ce n'est donc pas grâce à l'opéra que notre compositrice se distingue au XVIIe siècle, mais pour sa contribution au monde du clavecin. Élisabeth Claude Jacquet de La Guerre naît en 1665 dans une famille mélomane et apprend l'instrument avec son père, facteur (fabricant) de clavecins et organiste de l'église de l'île Saint-Louis, à Paris. Elle se révèle brillante, la plus douée parmi ses trois frères et sœur, à tel point que Claude Jacquet, le père, décide de la présenter au roi Louis XIV. À peine âgée de 5 ans, la fillette joue devant l'homme le plus puissant du pays. Ébloui, le Roi-Soleil l'encourage à « cultiver ce talent merveilleux » et deviendra plus tard son principal protecteur. La prodige revient régulièrement à la Cour jouer et divertir les nobles parmi les plus influents, comme Madame de Montespan. La puissante maîtresse du roi la garde plusieurs années auprès d'elle et organise dans ses appartements de nombreux concerts, où l'on peut aisément imaginer la petite Élisabeth au centre de l'attention pour ses dons de claveciniste et de chanteuse. Une célèbre revue de l'époque, *Le Mercure galant*, s'en fait l'écho dans un article de 1677 : « C'est un prodige qui a paru ici depuis quatre ans. Elle chante, à livre ouvert, la musique la plus difficile. Elle l'accompagne, et accompagne les autres qui veulent chanter, avec le clavecin dont elle joue d'une manière qui ne peut être imitée. Elle compose des pièces et les joue sur tous les tons qu'on lui propose. Je vous ai dit qu'il y a quatre ans qu'elle paraît avec des qualités si extraordinaires, et cependant elle n'en a encore que dix [*sic*, elle a en réalité 12 ans]. […] Toutes celles qui touchent le clavecin et dont le nombre est grand, ont fait ce qu'elles ont pu pour la surprendre et ensuite ont été contraintes de l'admirer comme les autres, ou d'attribuer à la magie ce qu'elles ne peuvent faire comme elle. »

En 1682, Louis XIV s'installe à Versailles et y amène sa cour. Le cœur de la vie musicale va se décentrer, Paris n'aura plus le monopole des créations, des bals et des soirées. Élisabeth Jacquet suit ce mouvement et goûte aux premières années versaillaises et à l'effervescence d'une Cour qui resplendit du divertissement, de la fête et de la musique. Cet épisode sera de courte durée puisque la musicienne se marie au bout de deux ans avec Marin de La Guerre. À contrecœur, la jeune épouse (18 ans) doit retourner dans la capitale. Une dizaine d'années plus tard, dans sa dédicace à Louis XIV inscrite sur la partition de son opéra *Céphale et Procris*, la compositrice écrit : « Si je n'ai pu par le malheur de mon sort employer ma vie à son service, ni par de grands talents travailler pour sa gloire, je me trouverai toujours très heureuse et assez distinguée d'en avoir cultivé un dès mon enfance, duquel au moins je puisse contribuer à son divertissement dans les courts intervalles de ses grandes et importantes occupations… »

Que sous-entend le mot « sort », sous la plume de la musicienne ? Le mariage qui la pousse à quitter Versailles ? Le « malheur de son sort » peut aussi faire référence au malheur d'être née femme :

« par le malheur de mon sort »

les femmes étant exclues de toute professionnalisation dans le domaine musical, les postes officiels de la Cour lui sont inaccessibles. Les options qui lui restent se limitent donc à la pédagogie et aux concerts en petit comité. Le choix des instruments, lui aussi, est limité : guitare, viole, luth et clavecin, toujours pour des questions de genre, féminin ou masculin. Il y a bien quelques organistes femmes au XVIIe siècle, mais (sauf rares exceptions) elles ne sont jamais titulaires, c'est-à-dire organistes attitrées : autant on peut être propriétaire d'un violon ou d'une flûte, autant l'orgue ne se déplace pas et appartient à une église, une paroisse. On choisit donc des organistes titulaires pour jouer l'instrument et permettre à ses artistes de pratiquer. La musique pour Élisabeth Jacquet de La Guerre et toutes ses contemporaines doit être un loisir, pas un métier : voilà de quoi tuer dans l'œuf bien des vocations de compositrices. Mais à Paris, sa réputation ne cesse de grimper. Ses talents de musicienne se manifestent lors de concerts privés où elle improvise brillamment de longues heures. Quand elle ne joue pas, elle enseigne le clavecin et l'orgue et devient une professeure réputée et respectée.

Or, forçant la porte de la sphère privée où elle est cantonnée, Élisabeth Jacquet de La Guerre va marquer son siècle de sa musique. En 1687, elle publie ses premières *Pièces de clavecin.* Fait rare pour l'époque car les recueils de partitions pour clavecin se comptent sur les doigts de la main. Aujourd'hui, peu d'élèves clavecinistes font l'impasse sur ces *Pièces*. Leur force repose sur un esprit novateur. Dans ce premier recueil, une pièce attire l'attention : la « Tocade de la suite en *fa* majeur ». Élisabeth Jacquet de La Guerre y emprunte un style italien : la toccata, littéralement « toucher ». Ce genre né en Italie autorise une grande liberté. Pas de règles, pas de codes, l'instrumentiste joue comme s'il improvisait sur la musique. La toccata vise à montrer la virtuosité de l'artiste mais aussi toutes les possibilités des deux uniques instruments concernés par cette forme musicale : l'orgue et le clavecin. Le piano aura ses propres toccatas mais plus tard, car lorsque Élisabeth Jacquet de La Guerre compose sa « Tocade », il n'existe pas encore. D'où l'omniprésence du clavecin dans la musique baroque. Souvent considéré comme l'ancêtre du piano, il a pourtant un fonctionnement très différent : ses cordes ne sont pas frappées avec un petit marteau mais pincées par des sautereaux, des languettes munies d'un bec. Leurs formes sont assez proches mais le son n'a rien à voir, on entend bien mieux dans le clavecin la famille à qui l'instrument appartient : un instrument à cordes, ce que le piano parvient à faire disparaître quand on l'entend.

La « Tocade » d'Élisabeth Jacquet de La Guerre ouvre sur quelques accords arpégés (décomposés) pour faire entendre une mélodie lente, pleine d'ornementations (l'opulence du baroque ne se retrouve pas qu'en architecture). L'introduction laisse vite la place à un rythme plus soutenu, les notes s'envolent, faisant briller l'instrument, et malgré la vitesse, chaque note se distingue grâce à ces cordes pincées qui ne se mêlent jamais complètement aux autres. Voilà la magie du clavecin : même si les doigts courent sur le clavier, on distingue toujours la mélodie dans le moindre détail.

Cette « Tocade » crée la surprise pour des raisons politiques. Alors que les cours de France et d'Italie rivalisent d'éclat, Louis XIV cherche à porter la gloire de la musique française à son sommet. L'Italie baroque représente une féroce concurrence sur le plan musical, les compositeurs évitent donc d'utiliser des influences italiennes dans leurs œuvres. Mais n'est-ce pas la signature des génies de s'affranchir des règles et des codes établis ? La « Tocade » d'Élisabeth Jacquet de La Guerre sera ce pas de côté qui lui vaudra une grande reconnaissance.

Plusieurs drames vont ralentir les élans créatifs de notre musicienne. Après l'échec de son opéra, elle perd en quelques années ses deux parents, son mari, son frère et son unique enfant, prodige du clavecin de 10 ans à peine. Pendant plus d'une décennie, elle ne compose plus. Mais le feu qui anime la musicienne ne s'éteint pas. Désormais veuve et autonome, Élisabeth Jacquet reprend le travail, plus libre que jamais. À partir de 1707, elle signe son grand retour avec un nouveau recueil de *Pièces de clavecin*, pouvant être jouées au violon, six sonates pour violon et pour clavecin, et deux livres de cantates.

L'artiste s'illustre dans ce dernier genre. Le début du XVIIIe siècle marque l'arrivée timide de la cantate en France : une forme chantée sur un texte profane ou sacré, avec un accompagnement instrumental mais pas forcément de dramaturgie comme à l'opéra. Élisabeth Jacquet de La Guerre, toujours dans un esprit de nouveauté, va s'emparer de ce style. Elle confie les textes à l'écrivain Antoine Houdar de La Motte qui travaille avec des compositeurs réputés comme Marin Marais ou André Campra. Cette deuxième tentative d'œuvre vocale depuis son opéra manqué est un succès. Les cantates d'Élisabeth Jacquet de La Guerre trouvent leur public, tout comme ses sonates, elles aussi d'origine italienne, nouveau pied de nez par rapport aux tendances musicales de son pays. En France, on préfère le mot « suite » pour désigner ces œuvres, pour un ou deux instruments, écrites en trois ou quatre mouvements.

En 1707, année de la publication de ses sonates, le journal *Le Mercure galant* publie : « Sa Majesté parla à Mlle de La Guerre d'une manière très obligeante et après avoir donné beaucoup de louanges à ses sonates, elle lui dit qu'elles ne ressemblaient à rien : originales et belles. » Avec François Couperin, un cousin éloigné de trois ans son cadet, Élisabeth Jacquet de La Guerre fait partie des premières personnes à composer des sonates en France. Celle en *ré* mineur pour violon, viole et basse continue nous plonge dans une ambiance douce, presque mélancolique. Mais toujours la virtuosité prime dans cette musique. Ici le violon déploie ses ailes et on le suit au fil des mouvements, tantôt gai et chantant, tantôt lancinant et traînant.

Pourquoi le Roi-Soleil se réjouit-il à l'écoute de cette musique importée d'Italie après des décennies à promouvoir l'art à la française ? Tout d'abord, l'influence du fameux Jean-Baptiste Lully s'estompe après sa mort, en 1687. Ce n'est pas le seul à décliner : le genre opératique lui aussi s'essouffle, et Louis XIV s'en détourne. Or la querelle entre musique française et italienne reposait surtout sur l'opéra. Le début du Siècle des Lumières marque donc le retour des inspirations italiennes dans la musique française et Élisabeth Jacquet de La Guerre en profite, elle qui a si bien su maîtriser les deux influences. Les sonates et cantates de la compositrice font partie des dernières œuvres écrites de sa main entendues par le monarque. Après sa mort en 1715, la claveciniste continue d'écrire, des cantates encore, un *Te Deum* perdu depuis et des airs plus légers en français, jusqu'à sa mort en 1729 à l'âge de 64 ans.

Dans l'ombre de Bach : sa femme

En 1989, le mur de Berlin tombe. En apprenant cette nouvelle, le violoncelliste russe exilé à Paris Mstislav Rostropovitch saute dans un avion. Le samedi 11 novembre, dans la capitale allemande réunifiée, il s'assoit devant un pan de mur, à quelques mètres de Checkpoint Charlie, installe son instrument et se met à jouer la « Sarabande » de Jean-Sébastien Bach, extraite des *Suites pour violoncelle seul* du compositeur allemand. Cette image et cette musique feront le tour du monde.

Avant cet événement, on doit la popularisation de ces pièces de Bach à un autre grand violoncelliste : Pablo Casals. Dans les années 1930, le musicien enregistre pour la première fois l'intégrale des six *Suites pour violoncelle seul*. Jusque-là destinées aux exercices techniques, elles n'apparaissaient quasiment jamais dans les programmes de concert. Il suffit parfois d'une personne, d'une rencontre ou d'un événement pour inscrire une œuvre dans l'histoire de la musique. Les chefs-d'œuvre ne naissent pas chefs-d'œuvre. Ils sont construits, correspondent à des contextes historiques et parfois relèvent même un peu du hasard. La bonne personne, au bon moment, qui joue le bon morceau. L'histoire que l'on raconte sur les compositeurs dépend du même processus. Elle crée des génies incontestables, élevés au rang de dieu de la musique et donc des personnalités intouchables. Bach en fait partie. Sa musique, aux oreilles des musicologues et mélomanes, sonne comme extatique et divine. Bach, c'est Dieu.

Pas étonnant donc que les recherches du professeur Martin Jarvis aient fait l'objet d'une petite bombe dans le monde musical. En 2011, l'altiste et chef d'orchestre australien publie un livre intitulé *Written by Mrs Bach* (*Écrit par Mme Bach*) dans lequel il partage ses recherches sur les *Suites pour violoncelle seul* de Bach. Dans cette enquête, devenue en 2014 un film documentaire, l'auteur affirme que ces six pièces ont été composées par Anna Magdalena Bach, deuxième épouse du compositeur allemand. Pour arriver à cette conclusion, Martin Jarvis se forme à la graphologie, il passe plusieurs années à étudier les manuscrits, s'entretient avec des spécialistes de l'œuvre de Bach et relit toutes les biographies, notices et lettres consacrées au compositeur.

Dans un premier temps, sa théorie repose sur son ressenti artistique en tant que musicien. Il les compare notamment aux *Sonates et partitas pour violon seul* et déclare d'emblée que ces deux œuvres n'ont pas été composées par la même personne. Pour lui, les *Suites* possèdent un degré de maturité différent par rapport aux *Sonates et partitas*, elles suivent une forme très classique dans l'enchaînement des pièces, ce qui est rare dans l'œuvre de Bach, et la musique semble trop différente par rapport aux morceaux composés à la même période. Plusieurs voix partagent cette hypothèse, notamment les examinateurs de sa thèse sur le sujet qui acceptent l'idée, mais demandent tout de même à Martin Jarvis de supprimer deux longues parties autour d'Anna Magdalena Bach comme potentielle créatrice de cette œuvre. Oui, Jean-Sébastien Bach n'est peut-être pas l'auteur de ces pièces, mais non, que ce soit son épouse n'est pas pensable.

Pourquoi Bach ne serait-il pas le compositeur de ces *Suites* ? La première preuve – pas des plus convaincantes – évoquée dans le livre de Martin Jarvis repose sur l'idée qu'il n'existe, justement, aucune preuve que l'œuvre soit de la main du compositeur allemand. Le manuscrit original n'a jamais été retrouvé, seules quatre copies ont traversé les époques. Deux anonymes, une plus tardive faite par un élève de Bach et à laquelle il manque une partie, et enfin la plus complète, qui est signée Anna Magdalena Bach. Ce dernier manuscrit comporte de nombreuses imprécisions musicales et erreurs de notation. Il n'a donc jamais été utilisé comme référence pour les six *Suites pour violoncelle seul*. Cette copie représente pour Martin Jarvis une des preuves les plus évidentes de sa théorie puisqu'en analysant les écritures du couple Bach, il en déduit que cette partition semble être composée sur le vif et non copiée. D'autant que les erreurs présentes seraient d'après lui impensables si la jeune femme n'avait fait que copier la musique de son mari. Il confirme son hypothèse en mentionnant une phrase inscrite en français sur le double manuscrit qui contient les *Suites pour violoncelle seul* et les *Sonates et partitas pour violon seul* : « écrite par Madame Bachen. Son Épouse. » L'auteur appuie longuement sur ce détail : l'utilisation du mot « écrire » et non « copier » pour aller dans le sens de son idée.

« écrite par Madame Bachen. Son Épouse. »

Au-delà de ces arguments, une question se pose : Anna Magdalena Bach avait-elle les moyens et les connaissances pour composer une telle œuvre ? Si l'on fouille dans le passé du couple Bach, on découvre la brillante carrière de musicienne de l'épouse. Chanteuse et instrumentiste, Anna Magdalena Bach était une des rares femmes employées à temps plein à la cour de Köthen, ville de l'Est de l'Allemagne. Elle figurait aussi parmi les interprètes (y compris les hommes) les mieux payés de cette Cour : trois cents thalers, sachant que son mari, célèbre de son temps, en gagnait quatre cents. Enfin, il ne faut pas oublier son rôle de copiste auprès de son époux, un rôle minimisé par l'histoire et les biographies du compositeur, qui considèrent cette deuxième femme comme une assistante, une femme dévouée et une mère bien occupée avec treize enfants (dont seulement six survécurent). Alors que le travail de copie permet aussi de corriger, de reprendre, de conseiller. Anna Magdalena Bach était peut-être une oreille attentive pour son mari, sa première auditrice.

L'idée ici n'est pas de convaincre mais de questionner. Puisque ce n'est pas la première affaire de cet acabit dans l'histoire de la musique, les réactions auraient dû être au mieux curieuses, au pire étonnées ou sceptiques. Or la sortie du livre et du documentaire de Martin Jarvis a fait l'effet d'un séisme. De nombreuses personnalités ont consacré beaucoup de temps et d'énergie à montrer comment cette théorie ne pouvait pas tenir la route, et à décrédibiliser, parfois de manière virulente, le travail du chercheur. Pourtant ce dernier soulève une question essentielle : quelle était la place des épouses et plus généralement des femmes dans la création ? Et pourquoi n'accepte-t-on pas à ce point l'attribution d'œuvres géniales aux créatrices ?

« Derrière chaque grand homme se cache une femme. » Ce vieil adage se vérifie parfaitement bien en musique. Pour cela, il faut étudier la sphère privée, le récit intime, celui que l'on met volontiers de côté car c'est souvent là que l'on retrouve l'histoire des femmes, longtemps considérée comme mineure dans le champ de la recherche. C'est pourtant cette histoire qui nous apprend que Bach avait une épouse pour s'occuper de sa ribambelle d'enfants, pour faire le travail fastidieux de copier sa musique et d'apporter au foyer un revenu supplémentaire en tant que musicienne professionnelle. Les preuves restent fines pour l'imaginer en compositrice frustrée et empêchée, mais les exemples plus tardifs de Clara Schumann et Alma Mahler (on les retrouvera dans le chapitre sur la période romantique) ou de la Norvégienne Agathe Backer Grøndahl qui regrette à la fin de sa vie cette « étroite condition » montrent que l'épouse sacrifiée n'est pas un cas isolé. Combien sont-elles à s'être pliées au service d'un mari pour qu'il ait toutes les chances de devenir un génie ? Car on ne naît pas génie, on le devient. Grâce à l'éducation, l'enseignement, le contact avec d'autres artistes, les échecs comme les succès, mais surtout le temps passé à voyager, discuter, contempler, composer, se concentrer, se tromper et recommencer. Or les femmes n'ont pas ce temps-là. La composition se hisse très rarement au premier rang de leur liste de priorités, surtout quand elles sont épouses et mères.

Ce manque de disponibilité n'explique pas tout. Car, malgré toutes ces contraintes, elles sont des milliers à avoir réussi à s'échapper de cette condition pour composer. S'il fallait une preuve supplémentaire de leur génie, la voici : dans des époques réputées pour leur grande misogynie, avec une quasi-impossibilité de faire carrière dans la musique, des enfants à charge, un foyer à tenir, une vie publique empêchée, certaines ont brisé ces barrières et leurs musiques ont été jouées, entendues et applaudies. Ne serait-ce pas l'ultime preuve de la qualité de leurs œuvres ?

Seulement, pour exister complètement aujourd'hui, il faut un tampon officiel, celui de chef-d'œuvre. Ce label ne se décide pas dans un bureau fermé entre quelques personnes. Comme pour la désignation des génies, c'est encore une fois l'histoire qui crée le chef-d'œuvre. De la réception de l'œuvre dans une période donnée à sa réhabilitation parfois des siècles plus tard, il peut se passer une multitude d'événements (scandales, interprétation par une superstar, musique choisie pour un film, une publicité) avant que l'on emploie le mot béni. Les compositrices souffrent de ce long chemin vers la bénédiction. La découverte de leur musique est récente et le patriarcat ne s'est pas envolé ces dernières décennies, d'où l'absence encore frappante de dénommés *chefs-d'œuvre* chez les compositrices. Ce n'est pas irrémédiable. Il suffira d'un événement marquant, d'un morceau utilisé dans une série ou d'un nouveau récit pour qu'un jour, ces créatrices deviennent des génies et leurs musiques des chefs-d'œuvre, car rien, sur le papier ou à l'oreille, ne les empêche d'accéder à ce statut.

Playlist 2

Marin Marais, *Le Badinage*,
interprété par Jordi Savall

Barbara Strozzi, *Che si può fare*,
interprété par Mariana Flores

Francesca Caccini, *Lasciatemi qui solo*

Les Orphelines de Venise,
par Les Cris de Paris

Élisabeth Jacquet de
La Guerre, *Céphale et Procris*

Élisabeth Jacquet
de La Guerre, *Tocade
de la suite en fa majeur*

Élisabeth Jacquet de La Guerre, *Sonate en ré
mineur pour violon, viole et basse continue*

Jean-Sébastien Bach, *Suites pour violoncelle seul*,
interprétées par Pablo Casals

3

LES RÉVOLUTIONNAIRES DU CLASSIQUE

Jusqu'à présent, les compositrices s'affichent plutôt comme des exceptions dans l'histoire de la musique. Des femmes bravent les interdits, sont poussées par des hommes plus influents ou baignent dès l'enfance dans un univers musical. Mais existe-t-il une période où ces exceptions n'en sont plus, et où les compositrices deviennent des créatrices (presque) au même titre que les hommes ? Peut-être. La chercheuse Jacqueline Letzter et le musicologue Robert Adelson se sont penchés sur un pan d'histoire précis : la France des années révolutionnaires, entre 1770 et 1820. Ces cinquante années ont été analysées dans *Écrire l'opéra au féminin. Compositrices et librettistes sous la Révolution française*. En musique, cette chronologie correspond à la période classique – à ne pas confondre avec le classicisme s'étant illustré dans la littérature un siècle auparavant –, elle commence au milieu du XVIIIe siècle et s'arrête au début du XIXe siècle, et laisse ensuite la place au romantisme.

Aujourd'hui, la *musique classique* désigne surtout toutes les œuvres écrites pour voix et instruments de l'Antiquité jusqu'à aujourd'hui, par opposition aux musiques populaires, souvent de tradition orale, et à tous les autres genres musicaux nés depuis : rock, folk, jazz, variété, pop, électro… Dans ce chapitre, nous plongeons dans la période classique de la musique… classique.

Les Françaises à l'assaut de l'opéra

Après le règne très musical de Louis XIV, le Siècle des Lumières s'illustre davantage par la littérature et la philosophie (Montesquieu, Rousseau, Diderot, Voltaire) que par la musique. Les compositeurs français n'ont d'ailleurs pas le même prestige que leurs voisins européens. À côté d'un Wolfgang Amadeus Mozart, seuls les initiés connaissent les noms (sans même parler des œuvres) d'Étienne Nicolas Méhul, François-Adrien Boieldieu, François-Joseph Gossec ou encore André Grétry... Paradoxalement, c'est à cette époque que la France crée ses grandes institutions pour la musique : le Conservatoire de Paris, l'Opéra et l'Opéra-Comique.

Les appellations de ces deux derniers établissements ont changé au cours des siècles, et les lieux des spectacles aussi... Treize salles ont accueilli l'Opéra de Paris, aujourd'hui installé à la fois au palais Garnier et à l'Opéra Bastille. Quant à l'Opéra-Comique, tel qu'il existe aujourd'hui dans le IIe arrondissement de Paris, le bâtiment a été inauguré en avril 1783 et n'a pas beaucoup bougé depuis. Le Conservatoire de Paris, lui, naît de la fusion entre l'École royale de chant et de déclamation et l'école de musique municipale. Ces deux établissements deviennent l'Institut national de musique en 1793, puis, deux ans plus tard, la Convention nationale (le régime politique sous la Révolution) décrète l'ouverture du Conservatoire de Paris qui s'installe dans l'hôtel des Menus-Plaisirs, rue Bergère (aujourd'hui rue du Conservatoire, dans le IXe arrondissement).

La musicologue Florence Launay, dans ses travaux sur l'éducation musicale des femmes au XIXe siècle en France, précise que l'établissement est alors mixte. Un siècle avant l'accès pour les filles à l'université ou aux Beaux-Arts. Les classes au Conservatoire sont cependant séparées, et toutes ne sont pas accessibles aux filles – elles sont par exemple exclues de l'apprentissage des instruments à cordes et à vent, ou de la classe d'harmonie. Les filles doivent se contenter d'apprendre le chant, le piano ou le clavecin et le solfège. Pourquoi ? Cette distinction de genre dans un établissement mixte est le résultat d'un siècle d'études et de recherches pour tenter de prouver la différence et l'infériorité du sexe féminin.

Système physique et moral de la femme, *L'Histoire naturelle du genre humain*, *Histoire naturelle de la femme*… Tous ces ouvrages, cités dans les travaux d'Évelyne Peyre et Joëlle Wiels, viennent – pour la première fois dans l'histoire – imposer un discours presque scientifique sur la différence entre les hommes et les femmes. Évidemment, les femmes n'y ont pas le beau rôle : elles sont plus faibles, plus sensibles et surtout moins intelligentes. L'ultime preuve ? La taille de leur crâne, plus petit que celui des hommes (précisons tout de même que ces recherches ont été invalidées depuis). Si elles ont moins de capacités intellectuelles, à quoi bon les faire étudier ? En musique, cela se traduit par l'inaccessibilité de certaines classes au Conservatoire, comme celles où l'on apprend à composer, puisque l'écriture est soumise à des règles strictes, presque mathématiques, qu'il faut maîtriser à la perfection. Les femmes peuvent apprendre à chanter, jouer du piano ou du clavecin, mais certainement pas à créer.

Une porte d'entrée s'ouvre cependant pour elles, avec la naissance d'un genre musical plus léger, qui raconte des histoires de la vie quotidienne avec ses scènes comiques ou sentimentales : les compositrices s'emparent de l'opéra-comique. Lucile Grétry, Florine Dezède, Caroline Wuiet, Julie Candeille, Marie-Emmanuelle Bayon Louis, Constance de Salm, Jeanne-Hippolyte Devismes, Sophie de Bawr, Sophie Gail, Henriette Beaumesnil, Sophie Gay, Isabelle de Charrière… Le livre de Jacqueline Letzter et Robert Adelson recense sur la période post- et pré-Révolution française pas moins de cinquante-quatre opéras de vingt-trois compositrices (ou librettistes). C'est du jamais vu dans l'histoire de la musique. Les femmes profitent de l'émergence de l'opéra-comique mais aussi des idées féministes écloses pendant la Révolution, notamment celles d'Olympe de Gouges, femme de lettres et autrice de la *Déclaration des droits de la femme et de la citoyenne*.

Parmi ses amies proches il y a Julie Candeille, compositrice d'un opéra, *Catherine ou la Belle Fermière*, qui porte un message d'émancipation des femmes. Écrite et composée en 1792, l'œuvre sera représentée cent cinquante fois pendant trente-cinq ans. Un grand succès pour l'époque !

« Les défauts naturels des femmes ne sont pas naturels du tout, mais plutôt causés par les mauvais traitements des hommes. »

Le livret met en scène Catherine, une veuve souhaitant s'émanciper de toute relation amoureuse pour vivre seule, libre et indépendante. Indignée par sa condition féminine, elle pointe du doigt que « les défauts naturels des femmes ne sont pas naturels du tout, mais plutôt causés par les mauvais traitements des hommes ». Morale de l'époque oblige, elle finit quand même par tomber amoureuse et se remarier. Julie Candeille, excellente chanteuse en plus d'être compositrice et librettiste, interprète elle-même le rôle principal de Catherine.

Et ce n'est pas tout, elle joue aussi de la harpe et du piano, deux des rares instruments autorisés pour les femmes du XVIIIe siècle. De toutes ces activités, celle de chanteuse est la plus difficile à assumer. Contrairement à d'autres pays, la France n'a jamais banni les femmes de la scène ; leur punition est autre : comme en Italie à la période baroque, les chanteuses sont considérées comme des courtisanes. Julie Candeille n'y échappe pas, mais se défend vaillamment face à ces accusations. Lorsqu'on la compare aux femmes de petite vertu et quand on lui assène que les professionnelles de la scène n'ont pas le temps de bien s'occuper d'un mari, elle sauve son honneur en rétorquant que, si tel est le cas, elles n'ont donc pas non plus le temps pour des relations extraconjugales.

Les voix des féministes, lors de cette période révolutionnaire, sont loin d'être des cas isolés. Pour les artistes, une femme porte haut leurs combats, leurs désirs et leur volonté d'exister. La poétesse Constance de Salm signe en 1797 une percutante *Épître aux femmes*, sorte d'appel pour que ses contemporaines osent créer, s'emparer des arts au même titre que les hommes. Son avertissement, écrit juste avant le poème revendicatif, résonne si bien avec notre société actuelle qu'on en vient à se demander ce qui s'est passé pendant plus de deux siècles après l'écriture de cette épître pour que le sujet soit toujours d'actualité :

*Dans tous les temps les hommes ont cherché à nous éloigner de l'étude et de la culture des beaux-arts ; mais aujourd'hui cette opinion est devenue plus que jamais une espèce de mode. Dans quelque endroit qu'on aille, de quelque côté qu'on se tourne, on a l'oreille fatiguée par les discussions qui s'élèvent à ce sujet, dans lesquelles, suivant l'usage, l'esprit de parti agit plus que le raisonnement. J'ai longtemps résisté au désir de répondre à ces sortes d'attaques, m'imaginant que, dans un siècle aussi éclairé que le nôtre, elles ne pouvoient [*sic*] avoir aucune suite, mais, lasse de voir toujours les femmes en butte à des plaisanteries qui trop souvent se changent en sophismes, je me décide enfin à prendre la défense de mon sexe. J'ai eu pour objet, dans cette épître, que j'adresse aux femmes, de soutenir leurs droits sans nuire à ceux des hommes. Si malgré cela il en est quelques-uns qui se formalisent de la manière dont j'y parle d'eux en général, je les prie de vouloir bien réfléchir qu'en fait de critiques de ce genre il y a longtemps que les hommes nous ont payées d'avance.*

Salm, Gouges, Bawr, Charrière… La plupart des femmes de lettres ou créatrices actives dans cette fin de XVIIIe siècle viennent de l'aristocratie. Elles sont éduquées et ambitieuses. Mais la Révolution bouleverse l'ordre établi. Certaines perdent leur mari, d'autres tous leurs biens et leur richesse. Ce renversement va donner un élan particulier à l'ère postrévolutionnaire pour les femmes : elles ne se consacrent plus aux arts pour le simple divertissement mais pour gagner leur vie. Avant la Révolution, elles sont portées par des élans féministes ; après, elles sont guidées par un souci économique et matériel. Dans les deux cas, elles occupent la scène parisienne et nationale avec leurs œuvres.

Dans un colloque donné à l'Opéra-Comique en 2020 autour des femmes de cette institution, Florence Launay retrace la vie de Mlle Le Sénéchal de Kercado. Son opéra, *La Méprise volontaire ou la Double Leçon*, est donné en 1805 au théâtre Feydeau sur un livret d'Alexandre Duval. À l'époque, les premières œuvres sont jouées sans que le public en connaisse les auteurs : les noms sont dévoilés à la fin. C'est ainsi que le librettiste Alexandre Duval soutient – auprès des musiciens et du directeur du théâtre – la musique de Mlle Le Sénéchal de Kercado lors des répétitions, sans que l'orchestre sache qu'elle est signée par une jeune femme de 19 ans. Il note : « Pendant toutes les répétitions de l'ouvrage, acteurs et musiciens étaient devenus les sincères admirateurs du talent de mon jeune compositeur. »

Arrive le jour de la première. Le public manifeste son enthousiasme pour l'œuvre (à l'époque les salles n'étaient pas aussi silencieuses qu'aujourd'hui), jusqu'à la révélation finale : « Quand, à la fin de la pièce, on eut selon l'usage fait connaître le nom des auteurs, le public fut tout surpris de savoir qu'il devait le plaisir qu'il avait éprouvé à une jeune demoiselle de 19 ans », écrit Alexandre Duval. Un critique de l'époque relève que les « vieux admirateurs » ont boudé la pièce, un autre écrit : « Les élégants avaient décidé que ce n'était pas possible que l'œuvre provienne d'une main de femme. Ce sont les plus galants qui méprisent et oppriment le plus les femmes. » Mais les remarques les plus acides viennent des musiciens de l'orchestre. Après avoir eu connaissance du sexe (et sûrement aussi de l'âge) de la compositrice, ils critiquent et dénigrent l'œuvre auprès de la direction au point de ne la faire jouer qu'une dizaine de fois avant sa disparition complète du répertoire. Mortifiée par les railleries et ces violentes charges, la jeune Le Sénéchal de Kercado n'a jamais reparu et son nom fut oublié.

Parmi toutes les compositrices d'opéra, certaines n'ont même pas eu la chance de voir leurs pièces jouées. C'est le cas de Caroline Wuiet. Elle naît à Reims en 1768 d'un père organiste et développe un don précoce pour la musique. La reine Marie-Antoinette la repère, la prend sous son aile et lui propose une éducation artistique de haut niveau : André Grétry lui enseigne la musique, Beaumarchais, le théâtre, et Jean-Baptiste Greuze, la peinture. Caroline Wuiet devient donc compositrice, dramaturge et femme de lettres, puis fondatrice de revues, critique d'art et célèbre pour son goût du travestissement : la jeune femme se déguise souvent en homme. Un penchant qui viendrait de ses échecs à faire jouer ses opéras… Consciente d'être discriminée en tant que femme, elle cherche toute sa vie à prouver qu'elle peut penser, créer et se comporter comme les hommes, y compris dans ses tenues.

En tant que dramaturge (deux de ses pièces sont jouées au théâtre des Beaujolais) et compositrice, elle accède à une certaine notoriété qui la pousse à créer, en 1797, un club entièrement féminin dédié à la culture et à la philosophie. Deux ans plus tard, elle fonde le premier titre de presse d'une longue série : *Le Cercle*, qui parle essentiellement de politique, puis *Le Papillon*, journal des arts et des plaisirs où l'on peut lire des critiques artistiques, *Le Phénix*, encore tourné vers la politique mais aussi la littérature, et enfin *La Mouche*, dans la continuité du précédent. Pour couronner le tout, Caroline Wuiet devient aussi romancière et apporte sa plume dans le monde de la mode. Elle écrit dans l'un des premiers journaux français consacrés au sujet, le *Journal des dames et des modes*. Enfin, elle s'allie au mouvement des Incroyables et Merveilleuses, un courant vestimentaire excentrique souhaitant rompre avec la morosité imposée par le régime de la Terreur. La fin de sa vie est moins glorieuse… Elle souffre de troubles mentaux et meurt dans le parc de Saint-Cloud où elle a élu domicile.

Cet élan postrévolutionnaire où les femmes partagent leurs idées politiques, leurs voix et leurs visions artistiques ne dure pas longtemps. Certaines sont définitivement réduites au silence, à l'image d'Olympe de Gouges, guillotinée en 1793, tandis que de nouvelles lois leur enlèvent des droits, comme celui de rejoindre l'armée, de créer des sociétés ou clubs féminins, voire de se rassembler dans la rue. Arrive enfin l'Empire napoléonien et son Code civil : les femmes sont dépossédées de tout. Elles sont soumises à leurs époux, qui choisissent tout pour elles. Ce nouveau système oppressif ouvre le XIXe siècle – réputé pour sa misogynie – et condamne les femmes au silence et au foyer.

Fin des castrats, début des divas

La voix est-elle dangereuse ? Ou plutôt : la voix des femmes est-elle dangereuse ? Les sirènes, ces créatures mi-femmes mi-oiseaux dans la mythologie grecque, et mi-femmes mi-poissons dans la mythologie nordique, chantent pour envoûter les hommes avant de les tuer. Le héros Ulysse, dans *L'Odyssée*, pour ne pas y succomber, s'attache au mât de son bateau. Dans cette épreuve, il n'entend pas simplement une mélodie envoûtante et irrésistible : les sirènes lui promettent de nouveaux savoirs, de retrouver les siens, de mettre fin à ses tourments... Cette séduction est un danger mortel : si vous vous approchez, on vous dévore.

La voix des sirènes dessine un pouvoir que les femmes sont soupçonnées d'avoir dans la vraie vie : celui de charmer les hommes pour les asservir. Si la voix des femmes représente un danger, il faut les faire taire. Ce sera un des messages de la religion catholique : « Comme dans toutes les Églises des saints, que les femmes se taisent dans les assemblées, car il ne leur est pas permis d'y parler », commande un texte du Nouveau Testament, la Première épître aux Corinthiens. Cette phrase écrite il y a environ deux mille ans est au fondement de nombreuses règles qui ont étouffé, des siècles durant, la voix des femmes – la voix parlée, mais surtout la voix chantée.

L'interdiction faite aux femmes de chanter dans les églises s'étend, à partir du XVIe siècle, à la scène. La plupart des théâtres d'Italie et d'Espagne, par exemple, n'acceptent plus les chanteuses. Comment alors assurer les parties les plus aiguës des œuvres, notamment des opéras ? Et comment interpréter les personnages féminins si les femmes sont exclues de la scène ? Eh bien, il suffit de couper les testicules de jeunes garçons pour qu'ils conservent leur voix juvénile. Cette barbarie organisée a perduré trois siècles, jusqu'en 1902, quand le pape Léon XIII interdit la castration et l'utilisation de castrats pour la musique religieuse. L'immense succès des castrats s'explique par un « besoin », mais aussi par les qualités vocales de ces eunuques. Si l'on retire les testicules d'un garçon avant sa puberté, donc entre 8 et 12 ans, le larynx ne se développe pas, l'enfant garde sa voix aiguë et, en grandissant, il acquiert la puissance vocale d'un adulte. Les castrats possèdent donc une voix unique, mais à quel prix ? L'ablation des testicules favorise la croissance (les castrats sont réputés pour leur grande taille) mais empêche le développement musculaire, de la pilosité et l'accroissement osseux. Dans certains cas, ils sont victimes de malformations ou se retrouvent avec un système immunitaire très faible.

Le destin du plus célèbre d'entre eux, Farinelli, est spectaculaire mais guère représentatif. Il est issu d'un milieu aisé, contrairement à la majorité des castrats qui souhaitent s'élever grâce au statut de chanteur. Mais c'est une voie bouchée : sur une moyenne de 5 000 jeunes garçons castrés par an en Italie au XVIIIe siècle, seuls 10 % font carrière dans la musique. Les autres devront trouver du travail ailleurs. Farinelli, lui, est demandé dans toute l'Europe, il est grassement payé pour ses capacités vocales extraordinaires et son ambitus particulièrement étendu, qui couvre trois octaves. En Italie sont organisés des duels où les castrats se retrouvent en concurrence directe. Chacun y va de sa virtuosité et de ses qualités d'improvisation sur un air connu. On applaudit alors le chanteur capable de surpasser l'agilité, la finesse et la rapidité de l'autre. Les voix montent dans les aigus, tiennent le plus longtemps possible une note, les trilles et variations colorent ces voix si flexibles et puissantes. Ces concerts sont adorés par le public. Farinelli y excelle, devenant ainsi le *divo assoluto*, la star absolue. *Divo*, masculin de *diva*, parce que oui, les premières divas étaient en fait des hommes : les castrats.

Que se passe-t-il pendant ce temps-là en France ? Le public semble peu réceptif à l'apparition des castrats. Au contraire même, leur physique est critiqué et moqué et l'on préfère voir sur scène des chanteuses, même si elles n'échappent pas non plus au regard impitoyable des spectateurs. Dans l'essai collectif *Émancipation sexuelle ou contrainte des corps*, la musicologue Raphaëlle Legrand écrit un chapitre intitulé « Libertines et femmes vertueuses : l'image des chanteuses d'opéra et d'opéra-comique en France au XVIIIe siècle ». Elle y expose le paradoxe lié à ce statut professionnel. Les femmes de la Comédie-Italienne (qui fusionnera en 1762 avec l'Opéra-Comique) peuvent être payées au même titre que les hommes, exercer une profession et parfois diriger un théâtre. Seulement, en contrepartie, elles sont souvent mal considérées et subissent de la part du public des moqueries violentes. Ces railleries surviennent quelquefois en pleine représentation quand le parterre, constitué d'hommes debout, virulents et bruyants, décide de ne pas laisser sa chance à telle ou telle chanteuse. D'ailleurs, ces femmes ne sont pas appelées chanteuses mais « actrices chantantes » car le jeu, l'apparence physique, le corps sont aussi importants que la voix, d'où les nombreux commentaires qui pleuvent tant sur les qualités vocales d'une chanteuse que sur son visage, ses traits, son allure.

La principale différence entre les actrices de l'Opéra et celles de la Comédie-Italienne repose sur le célibat. Le compositeur adoré de Louis XIV, Jean-Baptiste Lully – toujours lui ! –, établit une règle pour les chanteuses : elles doivent rester célibataires pour éviter les grossesses et donc les absences. Leur vie doit être consacrée à la musique et non à la famille. À l'inverse, les chanteuses d'opéra-comique se marient, se séparent, deviennent veuves (souvent le meilleur statut pour être libre, ce qui n'a pas échappé à Julie Candeille), sont aussi des amantes, parfois des libertines ou encore des prostituées. Toutes ne gagnent pas suffisamment leur vie de leur art, et certaines chanteuses doivent donc travailler de leur corps pour subvenir à leurs besoins. La réputation de ces femmes ne repose pas que sur du vent, mais ne justifie évidemment en rien leur stigmatisation. La violence qu'elles subissent dans la presse, les poèmes et les chansons de l'époque est effarante, comme le montrent les mots de Charles Collé dans son poème publié en 1765 sur les chanteuses de l'Opéra-Comique :

Lemierre avec son air décent
À ce qu'on dit les prend au cent ;
Elle aime qu'on la tape,
Mais heureux qui s'en échappe.

Malgré cette haine déversée, certaines chanteuses accèdent à un statut privilégié. Adorées par le public et la critique, elles sont même respectées dans leur métier. Pour n'en citer que quelques-unes, Marie-Thérèse Laruette et Marie-Jeanne Trial ne subissent par le même sort que leurs consœurs, tout comme Mlle Chantilly. Cette dernière épouse en 1745 le directeur de l'Opéra-Comique, Charles-Simon Favart, et devient Justine Favart. Chanteuse, danseuse, dramaturge, elle est à l'origine d'une petite révolution dans le domaine des vêtements à l'opéra. Justine Favart introduit en effet la notion d'authenticité dans les costumes. Grâce à elle, les chanteurs et chanteuses joueront désormais avec des vêtements qui correspondent à leurs personnages, ce qui n'était pas le cas avant. Le compositeur Jacques Offenbach rendra un hommage à cette figure importante du XVIIIe siècle dans son opéra-comique *Madame Favart*, créé en 1878, qui retrace les aventures d'un des couples les plus célèbres des théâtres parisiens d'avant la Révolution. D'ailleurs, l'Opéra-Comique actuel, à Paris, peut aussi être appelé la salle Favart, en l'honneur du directeur et de la musicienne qui lui ont donné ses titres de noblesse.

Le statut fragile et ambigu des chanteuses d'opéra va évoluer pour gagner en respectabilité et atteindre des sommets de gloire au XIXe siècle. Bien avant Maria Callas, le monde de la musique classique a connu des divas adulées dans toute l'Europe. L'une des plus célèbres est une mezzo-soprano française d'origine espagnole : Maria Malibran, dite la Malibran. Son histoire s'entremêle parfaitement avec l'essoufflement des « divos » (des castrats) au début du XIXe siècle, pour laisser place aux divas. Elle est la fille d'un couple de chanteurs et son père lui enseigne le chant de façon drastique, parfois violente. Manuel García ne laisse rien passer, il tente de dompter la voix de sa fille lors d'interminables leçons qui se finissent souvent dans les cris et les larmes. Cet acharnement cache une sincère admiration pour les talents vocaux de Maria. Cette dernière entre dans le monde de la musique de manière fulgurante, à l'âge de 17 ans, lors d'un concert londonien qui la propulse sur le devant de la scène. Nous sommes en 1825, la capitale anglaise accueille l'un des derniers grands castrats, Giambattista Velluti, pour l'entendre dans un opéra de Giacomo Meyerbeer, *Le Croisé en Égypte*, dont le rôle principal a été écrit spécialement pour la voix du chanteur italien.

À côté de cet opéra, il donne quelques concerts en soliste, très attendus du public londonien. Même si le phénomène des castrats ne vit pas ses plus belles heures de gloire, le nom d'une personnalité comme Velluti est connu dans toute l'Europe. Ce serait comme si un chanteur populaire des années 1980 donnait un concert aujourd'hui. On y va surtout pour son prestige. Manuel García emmène donc sa fille voir l'une de ces représentations. Le castrat intègre à son programme un duo extrait de l'opéra *Roméo et Juliette* du compositeur italien du XVIIIe siècle Niccolò Antonio Zingarelli. Seulement, aucune chanteuse ne veut monter sur scène avec lui… Elles craignent les caprices du *divo* et de se faire écraser vocalement. Manuel García saute sur l'occasion et propose au directeur du théâtre les talents de sa fille. Maria García se retrouve donc avec l'une des plus grandes stars de l'époque, âgée alors de 44 ans, tandis que du haut de ses 17 ans elle débute à peine comme chanteuse.

Le castrat, avec sa voix si flexible, passe d'une note pianissimo à un son puissant qui remplit toute la salle. Sans compter sa maîtrise des vocalises, ses tenues de note qui semblent ne jamais s'arrêter, et puis son timbre de voix unique et si difficile à décrire. Il existe un enregistrement d'une voix de castrat, réalisé entre 1902 et 1904, mais les techniques d'alors pour capter et graver une musique sont si peu développées qu'il en résulte un son médiocre, grésillant, loin de ce que le public pouvait applaudir un siècle plus tôt. À côté de ce géant, Maria García reçoit une salve d'applaudissements chaleureux et encourageants. Ce concert signe le début d'une carrière internationale et d'une admiration par les plus grandes personnalités du XIXe siècle. Sa voix seule n'est pas à l'origine de sa popularité. Maria Malibran est très belle et, sur scène, elle transcende ses personnages par un jeu dramatique exceptionnel. Avec ses gestes, son visage, sa voix, son expression, elle fait pleurer les foules et laisse pantois compositeurs, écrivains et poètes. Élevée au rang de diva, elle ne représente plus la chanteuse aux mœurs légères des opéras-comiques de la période classique mais devient une sorte d'icône, admirée et respectée. Loin des bergères frivoles et un peu simplettes du XVIIIe siècle, la Malibran incarne certains des plus grands rôles écrits pour l'opéra, comme Zerlina dans *Don Giovanni* (Mozart), Rosina dans *Le Barbier de Séville* (Rossini) ou Norma dans l'œuvre homonyme de Bellini.

En pleine ascension, la chanteuse meurt brutalement à 28 ans à la suite d'un accident de cheval. Une fin tragique qui résonne avec certaines héroïnes à qui elle donnait vie et corps sur scène. Le monde artistique pleure sa disparition, à l'image d'Alfred de Musset qui lui dédie un poème, « À la Malibran » :

Ô Ninette ! où sont-ils, belle muse adorée,
Ces accents pleins d'amour, de charme et de terreur,
Qui voltigeaient le soir sur ta lèvre inspirée,
Comme un parfum léger sur l'aubépine en fleur ?
Où vibre maintenant cette voix éplorée,
Cette harpe vivante attachée à ton cœur ?

N'était-ce pas hier, fille joyeuse et folle,
Que ta verve railleuse animait Corilla,
Et que tu nous lançais avec la Rosina
La roulade amoureuse et l'œillade espagnole ?
Ces pleurs sur tes bras nus, quand tu chantais le Saule,
N'était-ce pas hier, pâle Desdemona ?

N'était-ce pas hier qu'à la fleur de ton âge
Tu traversais l'Europe, une lyre à la main ;
Dans la mer, en riant, te jetant à la nage,
Chantant la tarentelle au ciel napolitain,
Cœur d'ange et de lion, libre oiseau de passage,
Espiègle enfant ce soir, sainte artiste demain ?

Sa mort laisse un grand vide que sa petite sœur, Pauline, va tenter de combler. Elle est promise à une belle carrière de pianiste, avec un professeur de choix, Franz Liszt, qui lui écrit : « Vous admirer est l'affaire de tout le monde mais je m'y flatte d'y exceller depuis de nombreuses années. » Pauline García se met au chant sur ordre de sa mère. Juste après le décès de Maria Malibran, Joaquína Sitchez souhaite que sa seconde fille prenne le relais. Moins douée vocalement que sa sœur, Pauline va tout miser sur l'expressivité et l'intelligence musicale pour se démarquer sur scène. Elle devient, selon les mots de son amie George Sand, « la première cantatrice du monde » et lui inspire son personnage principal, une chanteuse vénitienne, dans son roman *Consuelo*. L'écrivaine lui conseille aussi d'épouser le directeur du théâtre des Italiens, et en 1840 Pauline García devient Pauline Viardot.

La vie de Pauline Viardot ne se résume pas à sa voix et à son statut de muse. Elle prend sous son aile de jeunes compositeurs comme Charles Gounod et Jules Massenet pour qu'ils puissent faire entendre leur musique, soit dans son hôtel particulier du IXe arrondissement de Paris, « temple de la musique sacrée » selon les dires de Camille Saint-Saëns, soit dans les salles prestigieuses de la capitale. Pauline Viardot fait la pluie et le beau temps dans le monde musical parisien. Grâce à elle, plusieurs noms de compositeurs baroques un peu oubliés ressurgissent, comme ceux de Haendel, Gluck ou Lully. C'est aussi elle qui achète la partition manuscrite de l'opéra *Don Giovanni* de Mozart en 1854, faisant de sa maison un lieu de pèlerinage pour de nombreux artistes.

Jusqu'à ses 41 ans, Pauline Viardot enflamme les scènes d'Europe avec sa voix, mais aussi sa diction parfaite (elle est polyglotte et parle couramment six langues). Passé le cap de la quarantaine, elle se consacre à la composition, laisse derrière elle plus de deux cent cinquante partitions, dont un air, *Hai Luli*, sublimé par la cantatrice italienne Cecilia Bartoli. Cette diva de notre époque, généreuse et acclamée partout où elle chante, peut absolument tout faire avec sa voix, du plus léger pianissimo aux vocalises les plus brillantes en passant par une puissance vocale qui force l'admiration. En deux siècles, les chanteuses passent donc d'une réputation douteuse à celle de stars adulées partout dans le monde. Un changement opéré au XIXe siècle, quand les castrats quittent la scène pour laisser place à une génération de cantatrices qui incarnent les plus beaux (et tragiques) rôles écrits pour elles.

Hélène de Montgeroult, pianiste révolutionnaire

La scène se déroule devant le Comité de salut public, première organisation du nouveau gouvernement révolutionnaire chargée (entre autres) de décider qui passera sous la guillotine. Une aristocrate, Mme de Montgeroult, arrive devant l'assemblée, prête à recevoir la terrible sentence, quand la séance est soudain interrompue par un certain Bernard Sarrette, fraîchement nommé à la tête de l'Institut national de musique, le futur Conservatoire. L'homme de musique plaide pour la prévenue, arguant que l'établissement qu'il dirige ne peut se passer du plus grand professeur de piano qui existe alors en France.

Un piano est apporté sur-le-champ à Mme de Montgeroult afin de prouver les dires du directeur. On lui demande de jouer *La Marseillaise* pour attester son patriotisme. La musicienne s'exécute, puis enchaîne sur des variations de l'hymne avec un tel style, une telle virtuosité que tout le comité se met à chanter à pleins poumons. Le tribunal révolutionnaire, transporté, accorde la grâce à la pianiste sur ces mots : « Citoyenne, nous voyons que tu es une bonne patriote, et nous t'acquittons des accusations portées contre toi. Viens recevoir l'accolade fraternelle ! »

Quoique plausible, cette histoire rapportée presque un siècle après les faits par le critique musical et compositeur Eugène Gautier dans *Un musicien en vacances*, publié en 1873, n'a jamais pu être vérifiée ni démentie. Elle a cependant l'avantage de faire ressortir le nom d'une immense musicienne, pianiste parmi les plus célèbres du XVIIIe siècle. Première femme nommée professeure de piano pour une classe d'hommes – le détail a son importance – au Conservatoire de Paris, Hélène de Montgeroult a composé des œuvres novatrices qui ont influencé les plus grands compositeurs romantiques. Elle est en effet l'autrice d'une des plus importantes méthodes pour le piano de toute l'histoire de la musique. Malgré ce joli curriculum vitae, son nom est encore peu connu.

Outre les travaux précurseurs d'Anne-Noëlle Bailly-Bouton qui a publié une thèse sur cette compositrice, sa redécouverte doit beaucoup au livre de Jérôme Dorival, *Hélène de Montgeroult. La Marquise et la Marseillaise* (2006). L'effacement qu'elle a subi s'expliquerait en partie par son statut, ses engagements et ses choix de vie toujours situés dans un entre-deux : « Marquise mais engagée dans la Révolution, ou, à l'inverse, révolutionnaire mais non montagnarde ; femme mais non porte-drapeau du féminisme ; femme de Lumières mais artiste de l'ombre ; figure des salons mais presque exclusivement du sien ; musicienne mais pédagogue en marge de l'institution ; femme libre enfin, mariée trois fois ! »

Mais cela ne résout pas tout. Comment une artiste aussi révolutionnaire (c'est le mot) a-t-elle pu rester à ce point méconnue ? Comment une pianiste qui a influencé Robert Schumann, Frédéric Chopin, Felix Mendelssohn, et sûrement Beethoven, Brahms, Debussy et tant d'autres n'est-elle pas devenue une référence ? Pourquoi son œuvre, notamment ses cent quatorze études pour piano, n'est-elle pas enseignée dans tous les conservatoires de France et du monde ?

Hélène de Nervo est née à Lyon en 1764 dans une famille noble. Avec son premier mariage à 20 ans, elle devient marquise de Montgeroult. L'étude du piano faisant partie de l'éducation des jeunes filles de bonne famille, Hélène de Montgeroult n'y échappe pas, mais mieux encore : elle y excelle. Le jeu de cette interprète raffinée et improvisatrice de génie est loué dans de nombreux témoignages de l'époque, voire des témoignages après sa mort comme en attestent les mots de Paul Smith, alias Édouard Monnais, en 1841 dans *Esquisses de la vie d'artiste* : « Peu d'années se sont écoulées depuis la mort de cette femme vraiment supérieure, et déjà l'on ne rencontre plus guère de gens qui aient eu le bonheur de l'entendre ; mais ceux-là parlent de son jeu avec une admiration profonde, un enthousiasme sérieux et recueilli, qui n'est pas exempt d'une sorte de mysticisme. S'il faut s'en rapporter à leur témoignage, jamais le piano n'aurait exhalé de langage plus mélodieux, plus doucement accentué, plus noble et plus tendre, jamais ses touches ne se seraient animées d'une expression plus suave et plus exquise que sous les doigts d'Hélène de Nervo, plus tard Madame de Montgeroult. »

La peintre Élisabeth Vigée Le Brun, elle, a été témoin du jeu pianistique de sa contemporaine. Et elle s'en souvient très bien. En 1835 elle écrit : « Quoiqu'elle fût très jeune alors, elle n'en étonne pas moins toute ma société, qui vraiment était fort difficile, par son admirable exécution et surtout par son expression, elle faisait parler les touches. Depuis, et déjà placée au premier rang comme pianiste, vous savez combien madame de Montgeroult s'est distinguée comme compositeur. »

« par son expression,
elle faisait parler
les touches »

Cette simple citation nous en apprend beaucoup. « Ma société » fait référence au salon que tient la peintre, un salon privé où se côtoient artistes, philosophes et intellectuels. En raison de son statut de marquise, Hélène de Montgeroult ne va jamais donner un seul concert public de sa vie. Son talent ne pourra être apprécié que dans un cadre confidentiel, la plupart du temps dans son propre salon où elle sélectionne avec soin les invités.

Élisabeth Vigée Le Brun parle également de son « expression » : nous sommes encore au début du XIXe siècle, dans les prémices de la période romantique qui va briller par l'expression des sentiments à travers la musique. Entre le XVIIIe et le XIXe siècle, cette fameuse expression, ou expressivité, est plutôt réservée à la voix, au jeu sur scène à l'opéra, mais pas au piano seul. Or Hélène de Montgeroult dans son *Cours complet pour l'enseignement du forté piano* insiste, à de nombreuses reprises, sur un jeu pianistique qui ne s'appuie pas uniquement sur la technique, la virtuosité pure. Pour elle, le piano est un instrument qui possède toutes les capacités d'expression de la musique, y compris sur des œuvres d'études censées aider l'élève à progresser. Ces mêmes études deviendront plus tard pour les compositeurs romantiques un genre en soi, comme l'attestent les désormais célèbres études pour piano de Frédéric Chopin. Avant eux, Hélène de Montgeroult apporte à ces exercices une attention particulière, et il suffit de les entendre pour s'en convaincre, à commencer par son étude n° 62, très prenante, ou son étude n° 19, inspirée par le premier prélude du *Clavier bien tempéré* de Jean-Sébastien Bach.

Voici encore un élément étonnant de la vie de cette pianiste : son admiration pour le compositeur allemand. À cette époque, Bach n'est pas la superstar que l'on connaît aujourd'hui. Il est vu comme un compositeur sérieux, trop sérieux, et son œuvre est très peu jouée. Hélène de Montgeroult va au contraire l'étudier, s'en inspirer et faire ressortir toute la richesse de ses morceaux, notamment pour clavier, des dizaines d'années avant sa réhabilitation officielle. L'histoire de la musique donne en effet à Felix Mendelssohn l'honneur de la redécouverte des œuvres de Bach avec une date clé : 1829, jour d'un concert donné à Berlin où résonne pour la première fois depuis la mort du compositeur allemand sa *Passion selon saint Matthieu*. Cet événement public est davantage remarqué que les inspirations pianistiques d'une jeune compositrice du XVIIIe siècle…

La seule reconnaissance publique de la vie d'Hélène de Montgeroult sera sa nomination en tant que professeure de piano au Conservatoire. Pour la première fois, la musicienne sort de l'ombre. Ce tout nouveau lieu d'enseignement de la musique est créé en août 1795 à Paris. Les filles n'en sont pas exclues mais regroupées dans des classes qui leur sont dédiées, avec des professeurs hommes. Dès son ouverture, Hélène de Montgeroult est appelée pour y donner des cours de piano à une classe d'hommes. Elle quitte ce poste prestigieux à peine trois ans plus tard en raison de problèmes de santé. La lettre écrite par le comité de direction du Conservatoire, juste après sa démission, témoigne de l'admiration pour ses qualités de pédagogue : « À ces sentiments pénibles, déterminés par la perte pour l'enseignement d'un talent aussi précieux que le vôtre, se joignent ceux inspirés par les motifs de votre retrait. »

Jérôme Dorival avance une autre explication à cette démission : un désaccord esthétique autour de la formation du piano. Le Conservatoire choisit en effet une méthode rédigée par Jean-Louis Adam, compositeur qui utilise le piano comme un soutien au travail d'écriture et de composition. À l'inverse, Hélène de Montgeroult estime que le piano est un art à part entière et mérite bien les sept cent onze pages qu'elle écrit dans sa propre méthode, le fameux *Cours complet pour l'enseignement du forté piano*. Jamais un tel travail autour de cet instrument n'aura été accompli dans l'histoire de la musique. Ces neuf cent soixante-douze exercices, cent quatorze études et autant d'annotations de la compositrice composent un guide ultime pour l'apprentissage du piano avec ses subtilités de jeu, d'expression, des conseils sur les positions des mains autant que sur le phrasé ou sur la manière de presser les touches de l'instrument… On trouve au fil des pages des études d'œuvres anciennes comme celles de Bach, Haendel et Scarlatti, trois compositeurs encore peu étudiés.

La destinée de cette méthode de piano est un immense paradoxe : elle est restée dans l'ombre tout en inspirant des générations de compositeurs, dont certains grands noms comme Robert Schumann, Felix Mendelssohn ou Frédéric Chopin. Les quelques artistes qui ont possédé ce *Cours complet* n'ont peut-être pas osé affirmer qu'ils devaient leur pratique pianistique à une femme, les autres ont certainement eu entre les mains d'autres méthodes inspirées, voire directement décalquées de celle écrite par Hélène de Montgeroult. Sinon, comment expliquer les liens très forts entre certaines œuvres de ces compositeurs et celles composées des dizaines d'années auparavant par la pianiste lyonnaise ? Jérôme Dorival conseille par exemple d'écouter les études n° 11, 13, 18 ou 49 d'Hélène de Montgeroult pour entendre un peu de Schumann, et l'étude n° 107 pour entendre un peu de Chopin. On peut aussi s'amuser à comparer sa *Grande fantaisie* avec la sonate *Appassionata* de Beethoven, et continuer encore longtemps à trouver des similitudes entre les œuvres annonciatrices mais tombées dans l'oubli d'Hélène de Montgeroult et celles dont il existe des dizaines d'enregistrements composées par des hommes qui n'ont pas eu à se battre pour faire exister leur musique.

Mozart était une femme ?

Rassurez-vous, le compositeur emblématique de la musique classique était bien un homme prénommé Wolfgang Amadeus, né le 27 janvier 1756. En revanche, il existait bien *une* Mozart en la personne de Maria Anna Mozart, la sœur de Wolfgang, de cinq ans son aînée. Elle a contribué à entretenir la mémoire de son frère en conservant ses correspondances et ses œuvres, mais surtout c'est elle qui l'a inspiré dans les premières années de sa vie. Pianiste au jeu exceptionnel, la jeune Maria Anna Mozart était connue dans toute l'Europe… Mozart a donc grandi avec pour modèle une femme, sa sœur, avant de s'en émanciper et de vivre pleinement sa vie de compositeur.

La famille Mozart représente un modèle de l'éducation artistique au XVIIIe siècle. Les enfants apprennent la musique tôt, souvent grâce à un proche, ici le père, Leopold Mozart. Cet apprentissage ne distingue pas les sexes : les petites filles comme les petits garçons peuvent apprendre à chanter ou jouer d'un instrument de musique. Mais attention, le choix est limité pour les filles, qui peuvent seulement se mettre au clavier (clavecin ou piano-forte, l'ancêtre du piano). L'autre grande différence dans cet enseignement, c'est la finalité : les garçons s'initient à la musique pour rejoindre une Cour en tant que musiciens professionnels et gagner leur vie. Les filles, elles, suivent cet enseignement pour se marier. Dans une lettre datée du 28 novembre 1785, le père des deux enfants Mozart écrit à sa fille, mariée à un homme veuf et père de cinq enfants : « Je salue tout particulièrement Nannerl [l'aînée des beaux-enfants de Maria Anna Mozart, qui porte le même surnom qu'elle] et lui demande de réfléchir si elle peut s'imaginer qu'une femme, à notre époque, pourrait plaire si elle ne cherche qu'à s'éduquer comme les domestiques sans essayer de s'en différencier par des manières plus nobles. [...] Si elle possède d'autres qualités, comme une jeune fille bien née, alors elle peut espérer trouver un jeune homme noble et bien élevé, sinon, certainement pas. » La musique, pour les femmes, n'est donc qu'un atout supplémentaire sur le marché matrimonial et un simple ornement pour se différencier des domestiques.

On ne s'étonnera donc pas que Maria Anna Mozart n'ait jamais pu espérer poursuivre la moindre carrière. Pourtant, ses prédispositions en promettaient une de premier ordre. La jeune fille apprend la musique avec son père dès l'âge de 8 ans. Elle souhaite jouer du violon mais son père, auteur d'un traité réputé sur cet instrument à cordes, refuse. Alors, elle brillera au clavecin. Maria Anna Mozart devient un phénomène : « Imaginez une petite fille de onze ans, jouant les sonates et concertos les plus difficiles des plus grands compositeurs sur son clavecin ou son piano-forte, avec une précision, avec une incroyable légèreté, avec un goût parfait. C'est une source d'émerveillements pour beaucoup », rapporte un journal de la ville d'Augsbourg en 1763. Maria Anna Mozart est une « prodige », un « génie », une « virtuose », autant d'appellations que l'on peut lire dans les critiques de l'époque, notamment entre juillet 1763 et novembre 1766. Ces dates correspondent à une grande tournée de la famille Mozart. Le père emmène son épouse, Anna Maria Mozart, et ses deux enfants, Wolfgang et Maria Anna, dans plusieurs villes d'Europe (plus de quatre-vingts !) pour montrer le talent de sa progéniture, mais surtout pour gagner sa vie : à l'issue de chaque concert, les deux jeunes artistes reçoivent de nombreux cadeaux, et le père, des compensations financières.

Nannerl a 12 ans quand elle part sur les routes. Son petit frère, âgé de 7 ans, connaît déjà bien la musique… grâce à elle. Quand il commence la tournée, il maîtrise le clavecin, le piano-forte, l'orgue, mais aussi le violon – à lui, son père enseigne son instrument de prédilection. À la différence de Maria Anna, le petit prodige compose, mais souvent avec la complicité de sa grande sœur. Il faut imaginer les longues journées de voyage, les dîners mondains, les festivités… autant de moments où les enfants sont livrés à eux-mêmes. Lorsque Wolfgang compose sa première symphonie, toute la famille est à Londres, en pleine tournée. Le père étant malade, les deux enfants sont priés de rester calmes, et donc de ne pas jouer de musique. Rien ne les empêche cependant de composer. Nannerl transcrit la symphonie sur une partition, et s'occupe de l'orchestration, l'écriture de la musique pour tous les instruments de l'orchestre à partir de la première version composée par son frère.

La jeune pianiste n'est donc pas étrangère à la composition, elle n'a simplement pas le droit d'y toucher. Son père refuse qu'elle devienne musicienne professionnelle, et a fortiori compositrice. Pourtant, ses lettres nous révèlent un talent exceptionnel. Elle envoie ainsi à Wolfgang des menuets du compositeur Michael Haydn (frère de Joseph Haydn) qu'elle a intégralement recopiés après un concert, de tête. La seule allusion à une œuvre signée de la main de Nannerl provient d'une lettre de son frère envoyée lorsqu'il repart en tournée en Italie. Il écrit : « *Cara sorella mia* [Ma chère sœur] ! J'ai été très étonné que tu composes si joliment, en un mot, le lied est très beau, essaie souvent d'écrire quelque chose. […] Envoie-moi bientôt les six autres [menuets de Haydn], je t'en prie. Adieu, Wolfgang Mozart. » Aucune trace de cette musique n'a été retrouvée.

Si Maria Anna Mozart n'a manifestement pas pu essayer d'« écrire souvent quelque chose », l'inverse est bien plus fréquent : Wolfgang demande à sa sœur ce qu'elle pense de telle ou telle œuvre qu'il vient d'écrire, et cette dernière lui réclame des nouvelles pièces qu'elle puisse déchiffrer au piano. Une grande complicité transparaît dans leurs échanges épistolaires. D'autant qu'ils ont longtemps été séparés. Leopold Mozart, ayant de grandes ambitions pour son fils, l'a emmené en tournée en Italie dès 1769, laissant sa fille seule avec sa mère à Salzbourg. C'est ensuite cette dernière qui accompagne Wolfgang dans différentes villes allemandes, laissant Nannerl seule avec son père, et désœuvrée : « J'ai appris avec plaisir que maman et le guignol [surnom donné à son frère] vont bien et s'amusent pendant que nous, pauvres orphelins, broyons du noir et nous ennuyons fort », écrit-elle à Wolfgang en 1777.

« J'ai appris avec plaisir
que maman et le guignol
vont bien et s'amusent
pendant que nous
nous ennuyons fort. »

Le temps est long pour Maria Anna Mozart. Elle arrête les tournées et les concerts à 16 ans pour se préparer au mariage, mais ne va devenir épouse qu'en 1784, à 33 ans. Le mariage est conclu avec un aristocrate qu'elle n'aime pas, déjà père de cinq enfants et avec qui elle en aura trois autres.

Cette union la met à l'abri du besoin, mais il ne reste à Maria Anna, pour garder un lien avec l'univers musical, que l'enseignement. Elle suit de loin les aventures de son frère, le soutient beaucoup, et se désigne régulièrement dans ses lettres comme une « fille obéissante ». L'opposé de Wolfgang, qui n'en fait qu'à sa tête, dans sa vie et dans sa musique (ce qui lui réussit beaucoup !). Sa sœur est prise au piège de son époque, tenue dans l'ombre, auprès de son père puis auprès d'un mari. Dans *Une chambre à soi*, Virginia Woolf se demande ce qui serait advenu à la sœur de Shakespeare – qu'elle nomme Judith – si cette dernière avait existé. Elle l'imagine fiancée de force, puis en fuite vers Londres pour tenter sa chance comme autrice de théâtre. Face aux refus liés à son sexe, Judith finit par se suicider, désespérée de n'avoir jamais pu faire entendre son talent. La sœur de Mozart a bel et bien existé, et son histoire confirme en partie l'hypothèse de Virginia Woolf…

Mais il y a des exceptions. Qu'advient-il aux femmes qui choisissent le célibat ? ou au moins refusent le mariage ? Le cas de la chanteuse et compositrice Marianne de Martines, de sept ans l'aînée de Nannerl et originaire du même pays, montre qu'une vie de musicienne est possible si l'on coche certaines cases : un milieu social élevé, une indépendance financière, pas de mari pour entraver sa carrière et beaucoup de soutiens. Marianne de Martines grandit dans une famille noble. Elle joue du clavecin, chante et compose pour son plaisir, mais aussi pour enchanter les oreilles de la cour impériale qui la reçoit dès son plus jeune âge. Elle a pour mentor le grand Joseph Haydn, avant d'être épaulée par le poète et librettiste italien Pietro Trapassi, connu sous le nom de Métastase. Son œuvre comprend des oratorios, des messes, un concerto pour clavier, une symphonie et de nombreuses pièces pour petits effectifs. En tout, soixante-cinq compositions écrites de sa main ont été retrouvées – mais si peu d'écrits, de correspondances ou d'éléments sur sa vie qui auraient pu nous éclairer sur sa place en tant que compositrice dans la Vienne du XVIIIe siècle. Restent alors des suppositions : puisqu'elle a joué, dans un salon, des sonates à quatre mains avec Wolfgang Mozart, peut-être a-t-elle rencontré sa sœur aînée au destin étouffé, la talentueuse Maria Anna Mozart ?

Playlist 3

Julie Candeille, *Sonate nº 1*

Sophie Gail, *N'est-ce pas d'elle*

Camille Saint-Saëns, *Mon cœur s'ouvre à ta voix*, air extrait de l'opéra *Samson et Dalila*

Pauline Viardot, *Hai Luli*, interprété par Cecilia Bartoli

André Grétry, *Concerto pour flûte en do majeur*

Hélène de Montgeroult, *Étude nº 62*

Hélène de Montgeroult, *Sonate nº 9*

Wolfgang Amadeus Mozart, *Symphonie nº 1* (partition que Maria Anna a aidé à retranscrire)

4

LES GUERRIÈRES ROMANTIQUES

Le XIXe siècle ouvre les portes du romantisme. En peinture, en littérature ou en musique, l'expression des sentiments est reine. Un compositeur incarne à la perfection ce courant : Ludwig van Beethoven. Appelé le père du romantisme, Beethoven annonce à travers ses œuvres les principales caractéristiques d'un siècle qui sera tourné vers la musique orchestrale aux grands effectifs, notamment les symphonies, il annonce aussi l'âge d'or du jeu pianistique enflammé, virtuose, et enfin il est l'un des premiers à penser la musique comme un moyen d'exprimer ses sentiments profonds, son moi intérieur.

De même que les émotions individuelles, la musique romantique pousse le compositeur sur le devant de la scène. L'interprétation importe encore, mais le créateur devient un dieu vivant, comme le montre l'adoration que suscite Beethoven aujourd'hui… Relevons tout de même un paradoxe lié à cette musique naissante. Les œuvres expriment des émotions profondes, appartiennent au domaine de l'intime, du mélancolique, du sensible ; autant d'adjectifs qui – considérés depuis notre époque – semblent plutôt associés à la féminité. Or les créateurs mythiques du XIXe siècle se conjuguent, encore une fois, au masculin : Brahms, Chopin, Schumann, Berlioz, Verdi, Liszt, Schubert, Mendelssohn, Dvořák, Gounod, Mahler, Grieg…

Les femmes sont pourtant omniprésentes. Sur scène, elles incarnent les rôles principaux des grands opéras romantiques ; au sein des conservatoires, elles remplissent les classes d'instruments (autorisés pour elles) ; dans les salons privés des capitales européennes, elles font la pluie et le beau temps du milieu artistique ; et partout, elles composent. Leur effacement de l'histoire de la musique frappe d'autant plus que certaines sont de véritables stars, reconnues par leurs pairs, et cette fois-ci, les sources divergentes ou manquantes ne sont plus une excuse à leur oubli.

Les muses sacrifiées

Ce livre aurait aussi bien pu s'appeler « Mendelssohn était une femme », « Schumann était une femme », ou encore « Mahler était une femme » car, derrière ces noms associés à trois compositeurs romantiques, se cachent d'extraordinaires musiciennes si l'on y ajoute les prénoms de Fanny, Clara et Alma. Ce trio incarne un schéma connu dans le monde artistique : celui d'un destin brisé par un génie masculin – on peut penser à la sculptrice Camille Claudel, spoliée par son maître et amant Auguste Rodin. Chez nos trois compositrices, l'empêcheur était un mari, un père ou un frère.

« Jusqu'à présent, je possède sa confiance illimitée. J'ai vu son talent se développer pas à pas et j'ai même contribué en quelque sorte à sa formation musicale. Il n'a pas de conseillers musicaux en dehors de moi, et jamais non plus il ne jette une pensée sur le papier sans me l'avoir d'abord soumise. Ainsi, j'ai su par cœur ses opéras avant même qu'il en eût écrit une seule note. » Fanny Mendelssohn a 17 ans quand elle parle ainsi de son frère Felix, de trois ans son cadet. Les deux enfants Mendelssohn apprennent le piano, l'écriture musicale, rejoignent une chorale et s'échangent leurs premières compositions pour les commenter et les améliorer. Toute leur enfance et adolescence, Felix appelle sa sœur « mon Cantor », clin d'œil à leur compositeur fétiche, Jean-Sébastien

Bach (surnommé le Cantor de Leipzig). De son côté, Fanny le prend sous son aile et espère avec lui faire des merveilles dans le monde musical. Son élan est

« Jamais non plus il ne jette une pensée sur le papier sans me l'avoir d'abord soumise. »

vite arrêté par une lettre reçue en 1820. Fanny Mendelssohn n'a alors que 15 ans et vient d'envoyer fièrement à son frère quelques mélodies en allemand (des lieder). Le père réagit vivement à ce premier pas dans le monde de la composition et écrit à sa fille : « La musique deviendra peut-être pour lui son métier, alors que pour toi, elle doit seulement rester un agrément, mais jamais la base de ton existence et de tes actes. [...] Demeure fidèle à ces sentiments et à cette ligne de conduite, ils sont féminins et seulement ce qui est féminin est un ornement pour ton sexe. »

Deux ans après ce sévère avertissement, la jeune musicienne se fiance avec un peintre, Wilhelm Hensel, qu'elle épouse à 24 ans, et qui sera, par chance, un fervent soutien. Il la pousse à créer et publier ses œuvres, pose tous les matins sur son bureau une page de partition vierge pour l'inciter à composer, ce qu'elle va faire, malgré les semonces de son père. Toujours aussi admiratif de sa grande sœur, Felix Mendelssohn contourne les contraintes paternelles en proposant à deux reprises à Fanny de publier quelques-uns de ses lieder sous son nom. En s'appropriant des œuvres qui ne sont pas de lui, le compositeur tombe dans un piège. À chaque concert, le public loue les œuvres écrites de la main de sa sœur. Il s'en plaint à cette dernière dans une lettre : « Tous disent que c'est ce qu'il y a de mieux dans l'album, ce qui est un mauvais compliment : qu'y a-t-il de bien à part toi ? »

Un des lieder de la compositrice devient même un tube. En 1842, Felix Mendelssohn, alors compositeur et chef d'orchestre réputé, se rend à Londres auprès de la reine Victoria. Voilà plus de dix ans qu'il a publié son recueil de partitions où se cachent quelques pièces de Fanny Hensel… La monarque pense faire plaisir à son visiteur et chante une de ses œuvres vocales préférées, un lied intitulé *Italien*. Pas de chance, le morceau n'est pas de lui, et quand il raconte cet événement à un proche, le ton est amer : « J'ai dû avouer – et j'ai trouvé cela très difficile, mais l'orgueil précède la chute – que c'était Fanny qui avait écrit cette chanson. » Jaloux, Felix ? En tout cas, il va prendre le rôle du patriarche peu après le décès de leur père et, avec ce nouveau statut, tenter à tout prix de décourager sa sœur de la composition. Dans une lettre adressée à sa mère, il parle même à sa place : « Fanny, telle que je la connais, n'a jamais souhaité devenir compositeur ni avoir une vocation pour cela ; elle est trop femme. Elle dirige sa maison et ne pense nullement au public ni au monde musical, ni même à la musique, tant que ses premiers devoirs ne sont pas remplis. Publier ne pourrait que la distraire de cela et je ne peux pas dire que je l'approuverais. »

De son côté, quand elle ne s'occupe pas de son unique enfant, Sebastian, jamais Fanny Hensel n'aura consacré autant de temps à la musique. La disparition de son père laisse un vide dans la maison familiale, qu'elle comble en organisant des concerts tous les dimanches, où se presse l'élite artistique et intellectuelle berlinoise. Elle gère l'organisation, joue du piano, invite les compositeurs (et compositrices) du moment, fonde un chœur et prend même la direction du petit orchestre de chambre qu'elle invite pour certains concerts. Elle profite de ces occasions pour faire entendre sa musique, celle de son frère, et éblouit le public en tant que cheffe d'orchestre. La compositrice allemande Johanna Kinkel assiste à l'un de ces concerts et se souviendra des années plus tard des gestes de la cheffe d'orchestre : « Un sforzando [crescendo rapide] de son petit doigt vous parcourait l'âme comme une décharge électrique et vous emportait bien autrement que ne l'eût fait un coup de baguette sur un pupitre. »

Tandis que son frère sillonne l'Europe, dirige des orchestres prestigieux et fait connaître sa musique, sa sœur œuvre dans l'ombre. Mais plus elle vieillit, plus sa confiance en elle grandit. Lors d'un séjour en Italie, elle croise la route du compositeur français Charles Gounod, qui tombe amoureux de sa musique et l'encourage à continuer sur cette voie. Enfin, Fanny Hensel se débarrasse des autorités masculines qui la freinent. Son père n'est plus de ce monde, son frère est trop occupé à construire sa propre carrière et son peintre de mari n'est pas le plus légitime à juger de son œuvre. Grâce à cette validation d'un artiste reconnu, elle se sent enfin prête à devenir compositrice et publier sa musique.

Elle écrit alors à son frère : « J'espère ne pas vous faire honte [...] Je pense que tu n'en tireras aucun désagrément d'aucune sorte. Pour t'épargner chacun de ces moments quelque peu déplaisants, je me suis conduite de façon totalement indépendante et j'espère que tu ne le prendras pas mal. » Confiante, la nouvelle Fanny Hensel compose en 1846 une de ses plus belles pièces, un trio pour violon, violoncelle et piano. Les premières notes courent sur le piano dans une sorte de vague qui monte et descend. L'entrée du violon et du violoncelle à l'unisson laisse planer une atmosphère inquiète, entre le son précipité du piano et celui, étiré et lent, de la mélodie des cordes. Le piano prend finalement les devants, seul et puissant, comme pour crier son existence au sein du trio, avant de se raviser et de laisser entendre un thème doux et mélancolique. Voilà une œuvre où se mêlent les élans du cœur, qui alterne les périodes sombres et les éclats de lumière, sur une partition signée par une femme mature, enfin sûre de son talent et qui écrit : « Comment peut-on mériter de faire partie des rares personnes heureuses au monde ! »

Dans cette euphorie, son trio est créé à Berlin un an après sa composition, le 11 avril 1847, à l'occasion de l'anniversaire de la petite sœur de Fanny et Felix, Rebecka. Deux mois après cet événement, le cœur de la compositrice s'arrête soudainement de battre. Elle meurt à l'âge de 41 ans. La renommée de ce trio était arrivée jusqu'aux oreilles de Clara Schumann. La pianiste et compositrice, tombée sous le charme de cette musique, avait dédié le trio qu'elle venait d'écrire à sa consœur, sans savoir qu'elle perdrait son amie si peu de temps après. Clara Schumann a alors 28 ans, elle est mariée et mère de quatre enfants.

Tandis que le début du trio de Fanny Hensel marque par cette opposition entre les cordes et le piano, comme une bataille à qui prendra la mélodie, l'œuvre de Clara Schumann s'ouvre sur un vrai dialogue entre les instruments, chacun se répond, reprend la mélodie de l'autre. On est bercé par cette introduction en douceur, mais ce n'est rien comparé à ce qui nous attend dans le troisième mouvement… Chaque instrument entre à son tour, sur des nuances teintées de mélancolie, de langueur extrême, sans jamais tomber dans la détresse. Puis viennent les orages, la musique s'affole, les archets frottent plus fort les cordes, les touches du piano s'enfoncent plus brutalement, avant de retrouver quelque sérénité. L'époque romantique joue avec nos nerfs. On passe des larmes de désespoir à la fureur de vivre. Et jamais la musique n'aura aussi bien exprimé ce grand huit des émotions.

Mais pour les retranscrire sur une partition aussi brillamment, il faut les avoir vécues. Entre les déceptions amoureuses, le manque de soutien, l'envie folle de créer sans en avoir la possibilité, les charges mentales en tant que mère et épouse, les compositrices, de ce côté, sont bien servies. Éduquée très tôt à la musique grâce à son père – celui-là même qui aurait eu entre les mains la méthode de piano très complète d'Hélène de Montgeroult –, Clara grandit comme enfant prodige. Friedrich Wieck emmène sa fille en tournée dans toute l'Europe, où elle est acclamée dans les plus grandes salles. À l'inverse de Fanny Hensel, elle est poussée vers une carrière artistique. Son père ne souhaite qu'une chose, qu'elle devienne une immense musicienne. Quand Clara déclare vouloir épouser un des élèves de son père, ce dernier s'y oppose formellement. Sa fille est peut-être tombée sous le charme de Robert Schumann, mais elle ne se mariera pas avec ce pseudo-artiste qui ne lui arrive pas à la cheville. Avant de devenir le compositeur romantique par excellence, l'élève du père Wieck ne présente aucune garantie d'être un bon mari. Blessé à la main, il abandonne le piano, et personne ne connaît encore ni sa musique ni son nom, contrairement à celui de Clara Wieck. La pianiste joue dans toutes les grandes villes européennes et partout où elle passe, la critique l'acclame.

Friedrich Wieck avait des raisons de se méfier (même s'il aurait pu éviter d'aller jusqu'au tribunal pour annuler le mariage). En se mariant, Mme Clara Schumann se concentre sur sa vie de famille. Elle s'occupe de son mari, de ses enfants, et si elle continue de donner des concerts, c'est pour subvenir aux besoins du foyer. Son activité de compositrice diminue de manière drastique, par manque de temps, mais aussi pour donner à son mari toutes les conditions nécessaires à sa propre création, lui qui a besoin de silence et de calme pour travailler. Un an après leur mariage, elle écrit dans son journal : « Mon piano est relégué au second plan encore une fois quand Robert compose. Pourvu que ce ne soit pas une régression, la composition va tout aussi mal, par moments je cognerais volontiers contre les murs ma tête stupide, je n'ai aucun talent pour la composition. »

« Mon piano est relégué au second plan encore une fois quand Robert compose. »

Ces mots sont lus par son époux, car quand elle écrit dans son journal, c'est en fait un petit carnet que le couple partage et où, souvent, elle exprime la tristesse de devoir consacrer sa vie à autre chose que la musique. Les doutes qui l'assaillent ne datent pas de sa rencontre avec Robert Schumann. En 1839, elle écrivait déjà dans son journal (tout personnel cette fois) : « Il fut un temps où je croyais posséder un talent créateur mais je suis revenue de cette idée. Une femme ne doit pas prétendre composer. Aucune encore n'a été capable de le faire, pourquoi serais-je une exception ? Il serait arrogant de croire cela, c'est une impression que seul mon père m'a autrefois donnée. »

Clara Schumann a aussi conscience qu'en tant que femme, sa place n'est pas celle d'une créatrice.

Un avis partagé par son mari : « Clara reconnaît elle-même que son métier principal est celui de mère, si bien que je crois qu'elle est heureuse dans ces circonstances qui ne se laissent pas changer de toute façon. » On retrouve la même réflexion que dans les mots de Felix Mendelssohn à sa sœur, qui témoigne de mœurs particulièrement présentes et discriminantes pour les femmes au XIXe siècle en Allemagne.

Malgré les obstacles, le nom de Clara Schumann retentit dans toute l'Europe, comme pianiste mais aussi comme compositrice car, lors de ses récitals, elle joue presque toujours au moins une de ses œuvres et sa musique suscite un vif intérêt. D'après le compositeur Louis Spohr, dédicataire de l'unique et brillant concerto pour piano de la compositrice allemande, ses pièces figurent « parmi les nouveautés les plus remarquables dans le monde de l'art ».

De son côté, Robert Schumann admire le travail de son épouse, mais il ne faut pas que cela lui prenne trop de temps ni qu'elle prenne trop de place. En 1844, le couple part en tournée en Russie, où Clara Schumann donne plusieurs concerts. Si son mari l'accompagne, c'est pour ne pas rester seul. Il trouve son rôle de « mari de la pianiste » dégradant. Ce sera peut-être la cause de maux plus sérieux : le voyage va aggraver la santé très fragile du compositeur. Robert Schumann finit sa vie dans un asile et meurt à 46 ans. Veuve, Clara Schumann poursuit une vie de concertiste et de professeure, mais ne se replonge que très peu dans la composition. Elle endosse un nouveau rôle qui lui tient à cœur : faire vivre la musique de son mari défunt. Grâce à son jeu pianistique, les œuvres de Robert Schumann sont magnifiquement interprétées et entendues dans toute l'Europe. C'est aussi à Clara Schumann que l'on doit les débuts d'un compositeur phare de la période romantique, Johannes Brahms. Le jeune musicien débarque un jour chez les Schumann – couple connu et respecté du monde artistique – et y joue sa dernière composition au piano. Le courant passe immédiatement avec la compositrice. Elle le présente à toutes ses relations, tente de l'imposer dans les programmations de nombreux théâtres et ajoute à son propre répertoire les œuvres pour piano de Brahms. Leur possible liaison amoureuse a, sans preuves réelles, fait couler beaucoup d'encre, y compris après l'internement de Robert Schumann. Clara Schumann ne fait guère exception dans la longue liste des compositrices qui, avant d'être reconnues pour leur musique, sont scrutées pour leurs histoires de cœur.

L'exemple le plus fameux de cette fatalité, celle dont la vie a été récupérée pour ne montrer que ses histoires d'amour, n'est autre qu'Alma Mahler, la dernière de notre trio. Née à Vienne en 1879, elle assiste à la fin de la période romantique, mais son parcours est si proche de celui de ses deux prédécesseures qu'il mérite d'être conté ici. Alma Schindler, de son nom de jeune fille, fascine par sa capacité à faire tourner les têtes des plus grands artistes de l'entre-deux-siècles. Faut-il cependant les citer ? Dévoiler la longue liste de ses amants comme une preuve de son existence, de son importance, minimise la femme qu'elle était : complexe, tantôt sûre d'elle, affichant dans son journal son assurance et ses pouvoirs de manipulation, tantôt écrasée, triste, brisée dans ses élans créatifs. Car Alma Mahler, en plus de s'intéresser de très près aux différents courants artistiques, à la philosophie et à la littérature, joue du piano divinement bien et compose.

Avant sa rencontre avec Gustav Mahler (qui mettra un terme à ses aspirations), la jeune musicienne est confrontée à une première barrière : elle-même. En grandissant, elle doute de ses qualités et, comme Clara Schumann, s'imagine pionnière d'un domaine artistique où les femmes sont effacées. Son rêve ? Devenir quelqu'un, être considérée comme un génie : « Je voudrais accomplir une grande action. Je voudrais composer un opéra vraiment bon, ce qu'aucune femme n'a sans doute encore jamais fait. Oui, c'est ce que je voudrais. » Pour y arriver, elle s'entoure de professeurs, travaille dur, même si pas assez à son goût… Et puis, comment persévérer et s'accrocher quand les modèles féminins sont rares ou, d'après elle, particulièrement décevants ? Elle a l'occasion d'entendre le *Concertstück pour piano et orchestre* de Cécile Chaminade, compositrice française, et déchante devant ce qu'elle entend : « Elle est la honte de la gent féminine. Si je parle d'elle c'est seulement parce qu'elle m'a réservé personnellement une amère déception. Je me disais, tiens, c'est rare d'entendre parler d'une femme compositrice, et puis en voilà une qui vient à mon secours que je ne connaissais pratiquement que de nom. Maintenant je le sais, après pareil concert, jamais, jamais, jamais une femme ne pourra rien faire de bon. » Cette humiliation violente (qu'elle réserve à son journal intime) montre peut-être une pointe de jalousie de voir l'œuvre d'une autre jouée sur scène, ou juste un de ses traits de caractère : Alma Mahler ne mâche pas ses mots et a un avis sur tout, y compris sur la musique de celui qui deviendra son grand amour, Gustav Mahler, qu'elle critique devant qui veut l'entendre.

Sa liberté vis-à-vis des conventions, des hommes, des arts, séduit autant qu'elle inspire la méfiance. Son mariage va pourtant lui imposer un cadre très strict. Avant leur union, le compositeur écrit à sa fiancée une lettre d'une vingtaine de pages où il lui demande d'arrêter la composition pour éviter toute rivalité dans le couple qui serait « ridicule et dégradante ». Si la lettre de Gustav Mahler est devenue célèbre, la réaction d'Alma Schindler dans son journal intime l'est un peu moins. Avec un penchant pour le drame, elle écrit, sans fard : « Livrer ma musique – abandonner – ce pour quoi j'ai vécu jusqu'à présent. Ma première idée fut de refuser. [...] J'en garderai une épine à jamais plantée en moi. »

Pourquoi cette femme si flamboyante et entière cède-t-elle à Mahler ? Par amour. Ou plutôt par admiration totale pour un homme puissant et important – il est alors directeur de l'Opéra de Vienne – qui la remettrait « dans le droit chemin ».

> « Livrer ma musique – abandonner – ce pour quoi j'ai vécu jusqu'à présent. J'en garderai une épine à jamais plantée en moi. »

En tout cas, d'après elle... Quand elle devient Alma Mahler, la jeune femme se projette en épouse modèle, qui donne tout pour son mari, se sacrifie par amour pour lui. Elle consacre désormais toute son énergie à celui qu'elle aime et répond à toutes ses exigences, que ce soient les repas prêts à heures fixes ou le silence imposé dans la maison quand il doit se concentrer.

Ce renoncement à une vie de fêtes, de flirts, de musique et d'apprentissage est un crève-cœur pour Alma Mahler. Elle se sent seule, délaissée et inutile. Les désirs et la vie qu'elle souhaitait étouffer avec son mariage ressortent, et les premières infidélités arrivent. L'une d'entre elles, avec l'architecte Walter Gropius, produit chez Gustav Mahler un changement d'attitude radical. Le compositeur consulte à ce moment-là le fondateur de la psychanalyse, Sigmund Freud. Est-ce lui qui aurait poussé Mahler à écouter sa femme et ses aspirations ? Le fait est qu'en 1910 son épouse devient enfin à ses yeux une compositrice en devenir. Il fait publier cinq de ses lieder et l'encourage à en écrire davantage.

La première chanson qui ouvre ce cycle, intitulée *Die stille Stadt* (*La Ville silencieuse*), nous plonge dans ce passage entre la grande période romantique et le début du xxe siècle, plus moderne, moins lyrique aussi. On retrouve une sobriété dans ce duo voix de femme et piano, qui s'éloigne doucement des variations et ornements pour ne faire ressortir que le texte, brut. Avec ce lied, Alma Mahler emprunte les mots du poète Richard Dehmel, qu'elle semble admirer, puisque ses poèmes reviennent dans les trois cycles de lieder écrits par la compositrice en 1910, 1915 et 1924.

« Je sais pourquoi je n'ai jamais été très fidèle dans ma vie. Je suis trop multiple pour pouvoir poser mon âme sur un seul cœur. Tout m'intéresse. » Multiple, douée, sensible, intelligente et cultivée. Autant de qualités que l'on ressent dans sa musique inspirée, travaillée, et plus libre encore que celle de son époux. L'histoire ne s'est pourtant intéressée qu'à ses amours, la dépeignant parfois comme une « ogresse », une femme sans vertu, monstrueuse, manipulatrice… ou au contraire comme une femme soumise et faible. La personnalité d'Alma Mahler ne se résume pas à quelques adjectifs et si sa vie a longtemps été racontée, voire fabulée, il est grand temps que l'on découvre son œuvre et qu'elle suscite autant de commentaires que ses histoires de cœur.

Malgré les similitudes entre ces trois destins brisés de compositrices, cela ne justifie pas leur effacement de l'histoire de la musique ni l'oubli de toutes les autres créatrices, mariées ou célibataires, prolifiques ou moins inspirées, intéressées par l'opéra ou les symphonies.

Ah si j'étais un homme...

Par qui commencer... Les trois Louise ? Louise Farrenc, une des rares compositrices romantiques à avoir laissé des symphonies, Louise Bertin, l'amie de Victor Hugo qui lui a écrit son unique livret d'opéra, ou Louise de La Hye, qui a reçu un premier prix d'orgue au Conservatoire de Paris en 1827 ? Une autre grande créatrice, des plus prolifiques du XIXe siècle, s'appelle Clémence de Grandval. On pourrait aussi revenir à Pauline Viardot, évoquée plus tôt, dont les romances sont des bijoux qu'elle-même ne soupçonnait pas. Il faudrait alors mentionner sa fille, Louise Héritte-Viardot, autodidacte pleine de talent. Mais alors que faire de Marie Jaëll, considérée comme la « Schumann française » ? Et Augusta Holmès, l'indomptable, la battante qui n'hésitait pas à s'attaquer à l'opéra, genre par excellence au XIXe siècle ? Ce serait peut-être faire de l'ombre à Cécile Chaminade, qui connut une carrière internationale, ou à Mel Bonis, qui pour son professeur de composition était sa meilleure élève, ex aequo avec un certain Claude Debussy. Mais alors, ce serait oublier Rita Strohl, qui ne trouve pas à la mesure de son exigence les œuvres du concours du Conservatoire de Paris et choisit de jouer ses propres compositions. Il y a encore la harpiste Henriette Renié, qui a sublimé son instrument dans des pièces avec orchestre. Et pourquoi pas démarrer avec Armande de Polignac, qui a dédié sa vie à la musique et travaille jour et nuit sur ses œuvres ?

Choisir, c'est renoncer. Comment, alors, parler de la foule des compositrices françaises de la période romantique ? Malgré l'accès difficile à la création musicale et le choix limité des instruments, la France connaît un phénomène surprenant : la composition devient un champ d'investigation pour de nombreuses femmes. Cela s'explique, en partie, par l'attrait du Conservatoire, lieu d'enseignement gratuit qui ouvre les portes de la musique à d'autres populations que l'aristocratie, et donc à des femmes susceptibles de se lancer dans une carrière publique car moins soucieuses de suivre les bonnes mœurs bourgeoises. Il faut mentionner aussi le soutien de certains hommes à la création féminine, tous n'ont pas été des Felix Mendelssohn ou Robert Schumann. Qu'ils soient maris, professeurs, compositeurs, éditeurs ou chefs d'orchestre, certains ont œuvré en faveur des femmes. Enfin, on doit surtout cette période florissante aux femmes elles-mêmes. Déterminées, douées, passionnées, ces musiciennes veulent prendre part au monde musical qui se transforme et se développe.

En France, Napoléon Ier vient de mourir, le pays restaure un temps la monarchie et Richelieu devient chef du gouvernement. La musique vit aussi de profonds changements. Ces années 1820 correspondent aux débuts de la période romantique qui va s'étaler sur tout le siècle. Les artistes sont libres de toute protection royale et ne composent plus en fonction d'un ou d'une aristocrate. Les œuvres existent désormais grâce à un public et à la critique, même si parfois soutenues par des mécènes. C'est dans ce cadre que les compositrices émergent et tentent d'exister, car on ne leur fait pas de cadeau. Au mieux, leur talent se justifie par une écriture dite masculine, un talent *digne d'un homme*, au pire, elles sont méprisées, voire exclues de l'univers musical. Pour affronter ces difficultés, la plupart des compositrices ont choisi « l'adaptation aux conditions que leur imposait la société, plutôt que la confrontation directe », avance la chercheuse Florence Launay dans *Les Compositrices en France au XIXe siècle*, véritable bible pour découvrir la création féminine.

Certaines vont tout de même mener un combat pour être considérées au même titre que les hommes : Louise Farrenc, professeure de piano au Conservatoire de Paris, va ainsi écrire de nombreuses lettres afin que son salaire soit aligné sur celui de son homologue masculin. Mais la plupart des créatrices vont jouer le jeu des bonnes relations avec les bonnes personnes, et composer des musiques qui plaisent au public sans *faire défaut* à leur sexe. On retrouve donc peu de musiques religieuses, car les églises continuent d'être des lieux dominés par les hommes, même si la très pieuse Mel Bonis ou Clémence de Grandval font exception avec, pour cette dernière, une messe et un *Stabat Mater* – deux œuvres récemment jouées sur scène, la première en 2019 par le chœur Accentus, la seconde en 2017 par la Compagnie de l'Oiseleur, dont il n'existe pas d'enregistrement.

Exit aussi les opéras, genre par excellence de la période romantique, comme *La Traviata* de Giuseppe Verdi ou *Lakmé* de Léo Delibes. L'Opéra de Paris, qui accueille alors des œuvres lyriques dramatiques (l'opéra-comique reste à part), ne donne presque aucune pièce composée par une femme. Mais il y en a toujours une pour faire exception. Augusta Holmès, à la fin du XIXe siècle, écrit et compose *La Montagne noire*, drame lyrique en quatre actes qui sera joué pour la première fois en 1895 à l'Opéra de Paris. L'échec est cuisant. La réception auprès du public n'est pas mauvaise, comme le prouvent les recettes constantes des treize représentations, mais la critique juge cruellement ce premier essai. Après cette expérience, Augusta Holmès ne se frottera plus jamais au genre lyrique.

Un autre grand absent dans les répertoires portés par les femmes est le quatuor à cordes, car ces instruments leur sont encore peu accessibles. Par ailleurs, l'ombre de Beethoven plane sur ce genre, qui intimide les personnes moins confiantes. Ce n'est pas le cas de Louise Héritte-Viardot. Enfant déterminée, elle apprend seule le grec ancien pour être en mesure de lire les grands classiques de la littérature. Quand sa mère, la chanteuse Pauline Viardot, lui présente des professeurs de musique, ceux-ci ne font pas long feu, la jeune Louise préfère ses propres méthodes, exigeantes voire cruelles. L'une d'entre elles consiste à s'accrocher le pied à un barreau du lit pour être réveillée au moindre mouvement et travailler ainsi sur ses partitions.

Après une enfance solitaire, elle se sent prise d'un « violent désir de composer » et va se lancer corps et âme, sans le soutien de sa famille, dans une vie de compositrice. Elle se heurte à la misogynie de l'époque, notamment lors d'un prix organisé par la Ville de Paris pour lequel elle postule anonymement. Le jury découvre son identité et refuse de récompenser l'œuvre d'une femme. L'injustice semble la nourrir plus que l'anéantir. Elle compose plus de trois cents œuvres, un catalogue impressionnant qui force l'admiration, à en croire les mots du compositeur Camille Saint-Saëns à son propos : « Si Louise était un homme, son génie produirait dans la musique une véritable révolution. » De tout ce catalogue ne restent, malheureusement, qu'un opéra-comique (*Lindoro*), une cantate, quelques lieder et trois quatuors à cordes avec piano…

À leur écoute, on perçoit la promesse d'un esprit brillant qui appelle à ce que l'on cherche d'autres partitions cachées ici ou là. Dans deux de ses quatuors avec piano, elle s'inspire de pays voisins. Avec celui en *la* majeur, intitulé *Im Sommer* (*En été*), on retrouve le style allemand, avec une influence schumannienne qu'on peut déceler dès le titre de chacun des quatre mouvements. Dans cette forme d'œuvre dite « à programme », le compositeur ou la compositrice annonce dans le titre ce que sa musique évoque. L'exemple le plus connu serait la *Sonate au clair de lune* de Beethoven, pièce pour piano qui s'intitule à l'origine *Sonata quasi una fantasia per il clavicembalo o pianoforte.* En réalité, c'est une fois devenu célèbre que ce morceau a été surnommé *Sonate au clair de lune*, cinq ans après la mort de son compositeur. On peut aussi citer la *Symphonie fantastique* d'Hector Berlioz, *L'Apprenti sorcier* de Paul Dukas, la *Danse macabre* de Camille Saint-Saëns ou *Une nuit sur le mont Chauve* de Modeste Moussorgski, dont les titres projettent d'emblée des images illustrées par la musique entendue.

Chez Héritte-Viardot, on se retrouve, au début de son quatuor *Im Sommer*, dans une forêt qui s'éveille. Le son des cordes et du piano nous plonge dans une ambiance à la fois paisible et vive. Le deuxième mouvement, « Mouches et papillons », est envolé, sautillant, les touches du piano dans l'aigu répondent au pizzicato des cordes (elles sont pincées avec les doigts au lieu d'être frottées par un archet) et nous embarquent dans une sorte de danse volante et tourbillonnante. Dans le troisième mouvement, « La touffeur », l'atmosphère lourde et chaude est traduite en musique par un tempo bien plus lent, presque pesant, mais avec une mélodie douce et d'un lyrisme bouleversant. La pièce se termine avec un quatrième mouvement qui nous projette un soir, sous le chêne, lors d'une danse villageoise. La compositrice reprend et sublime des thèmes de danses populaires, chose très fréquente chez les romantiques, qui s'inspirent de divers folklores au détour de leurs voyages dans toute l'Europe. D'ailleurs, le deuxième quatuor de Louise Héritte-Viardot s'inspire de l'Espagne, et l'on entend dans la musique les rythmes et mélodies typiques du pays.

Le dernier genre musical qui fait briller les compositrices par leur absence n'est autre que celui qui fait briller les orchestres depuis un siècle : la symphonie. Œuvre orchestrale en plusieurs mouvements, elle n'a pas beaucoup été investie par les compositrices pour une raison évidente : il fallait convaincre non pas quelques interprètes d'exécuter leur musique mais un orchestre entier, dirigé par un homme qui propose sa vision artistique et qui possède de plus en plus de pouvoir. À cette époque, la figure du chef d'orchestre émerge doucement. Les rangs de l'orchestre grossissent pour atteindre une taille considérable à la fin du XIXe siècle. Or les instrumentistes doivent pouvoir suivre la musique. Il faut donc une personne qui se tient en hauteur, avec une baguette visible depuis tous les pupitres. En parallèle, des voix comme celles d'Hector Berlioz ou de Hans von Bülow s'élèvent pour marquer l'importance de la cohérence dans la spatialité de l'orchestre et dans sa bonne gestion. Si les compositeurs vont souvent faire office de chef d'orchestre pendant cette période, on va glisser vers un métier à part entière à la fin du siècle. Il faut donc des soutiens pour faire jouer sa musique orchestrale. Des chefs aussi importants qu'Édouard Colonne, Charles Lamoureux ou Jules Pasdeloup, trois fondateurs d'orchestres parisiens encore existants aujourd'hui, vont aider des compositrices comme Clémence de Grandval, Marie Jaëll, Augusta Holmès, Armande de Polignac ou Rita Strohl en acceptant de faire jouer leurs pièces orchestrales.

Louise Farrenc se démarque des autres en composant trois symphonies, très bien reçues à l'époque. Les critiques prédisent même un sacré avenir à la jeune compositrice : « Il résulte pour nous [la revue *La Belgique musicale*], de l'audition de la symphonie de Madame Farrenc, que, par exception à ce qui s'était vu jusqu'à ce jour, il peut être donné à une femme de marcher avec succès dans l'épineuse et sérieuse voie des Haydn, des Mozart et des Beethoven… » On commence à entendre de nouveau ses œuvres en France grâce à l'Orchestre philharmonique de Radio France qui, sous la direction de Mikko Franck, a joué en 2018 sa *Troisième symphonie*, mais aussi à Insula Orchestra, avec Laurence Equilbey à la baguette pour l'exécution de ses symphonies n° 1 et 3. Ces œuvres, composées dans la première moitié du XIXe siècle, témoignent d'une inspiration très classique. Lors de la création au Conservatoire de Paris de la *Deuxième symphonie*, la pièce est suivie par le *Concerto pour piano en ré mineur* de Mozart comme un écho entre les deux pièces.

Si les dernières années ont permis de faire entendre la musique de Louise Farrenc jouée par des orchestres prestigieux, le reste des œuvres orchestrales écrites par des compositrices a du mal à se faire une place dans les programmations de concerts... Les symphonies ne sont pourtant pas les seules options pour un orchestre. S'il est assez facile de justifier des programmations intégralement masculines par manque de symphonies féminines, il faut peut-être creuser un peu, se pencher par exemple sur les poèmes symphoniques d'Augusta Holmès, ou faire entendre les courtes mais splendides *Trois femmes de légende* de Mel Bonis. Cette dernière s'appelle en réalité Mélanie Bonis, mais elle utilise un prénom neutre pour frayer dans le monde musical – stratégie qu'elle n'est pas la seule à adopter, beaucoup signent leurs œuvres sans indiquer leur prénom. Elle compose ce triptyque autour des personnages légendaires de Salomé, Ophélie et Cléopâtre. Peut-on y lire un engagement féministe ? Dans ses *Souvenirs et réflexions*, sorte de carnet où se croisent des textes sur sa vie personnelle, sur la musique ou l'art en général, plusieurs passages montrent une certaine verve contre les diktats subis par les femmes de son époque. En témoigne son texte révolté écrit en avril 1926, contre le port du corset : « Non, mais, vous faites-vous idée de ce qu'était dans ma jeunesse… le corset !! La taille !!! La taille fine !!! La taille, qu'est-ce que c'est que ça ? Où place-t-on ça ? […] J'ai connu des femmes grasses,

« Non, mais, vous faites-vous idée de ce qu'était dans ma jeunesse… le corset !! »

qui serraient tellement leur corset à la taille (puisque taille il y avait) qu'elles étaient pleines d'écorchures et de croûtes. Est-ce que vous trouvez ça appétissant ? Et les conséquences ? Déplacement, chûte [*sic*] des organes, peur affreuse de la maternité jusqu'à compression criminelle du ventre au risque de nuire au développement du futur petit enfant. Misère ! Et on se croit civilisée ! »

Cette liberté de ton marque aussi une appartenance sociale : Mel Bonis ne vient pas d'un milieu aristocratique comme bon nombre de ses consœurs. S'il y avait un piano chez elle dans son enfance, c'était une marque de richesse (elle vient tout de même de la petite bourgeoisie), mais ce n'était pas un instrument que l'on apprenait. Elle se met seule à la musique avant d'être repérée par des amis de la famille, qui poussent les parents, peu convaincus, à lui faire prendre des cours. À 18 ans, elle intègre le Conservatoire de Paris dans des classes (non mixtes) d'harmonie et d'accompagnement. Grâce à ses excellents résultats, elle entre en classe de composition, où elle brille auprès de son professeur, Ernest Guiraud, qui l'admire au même titre qu'il apprécie le travail de son autre élève, Claude Debussy. Mel Bonis tombe amoureuse d'un artiste et doit quitter le Conservatoire sous la pression de ses parents qui trouvent que ce milieu ne convient pas à la jeune fille. Trop libre, trop dévergondé.

Pour asseoir leur autorité, ils la marient à Albert Domange, riche industriel de vingt-deux ans son aîné, veuf deux fois et père de cinq enfants. Le rêve. Ce nouvel époux n'interdit pas à Mel Bonis de composer mais il faut qu'elle garde son pseudonyme. En 1899, tandis qu'elle vit une passion extraconjugale avec son premier amour, elle donne naissance à une fille cachée, Madeleine. Cette même année, peut-être sur les conseils de son amant, elle s'inscrit en tant que « compositeur » à la SACEM (Société des auteurs, compositeurs et éditeurs de musique), preuve que la musique n'est pas un simple divertissement pour elle. C'est même, selon ses mots, « une agonie d'aspirations vers le bonheur, une tension de tout (mon ?) [*sic*] être sensible, cordial, vers une chose qui nous sourit et se dérobe à la fois. »

Très pieuse, elle place la religion au-dessus de tout et estime qu'un musicien athée est « monstrueux ». « La preuve que l'art est véritablement divin, c'est que les plus belles œuvres, dans tous les genres, ont été inspirées par l'idée religieuse. Je ne crois pas que cela soit contestable. » Il est peu étonnant de retrouver dans son vaste catalogue, donc, une vingtaine d'œuvres polyphoniques religieuses et une trentaine de pièces pour orgue, instrument qu'elle admire et dont elle joue également. On doit sa redécouverte à sa famille. En premier lieu à sa fille, Jeanne Brochot, qui publie ses *Souvenirs et réflexions* en 1974, puis à son arrière-petite-fille, Christine Géliot, qui crée une association très active autour de son aïeule. Un matrimoine transmis par des générations… de femmes.

Comment les femmes meurent à l'opéra

Le taureau s'écroule sous les cris de la foule. À l'extérieur de l'arène, une violente dispute éclate entre un homme et une femme. Le ton monte, l'homme menace la femme avec un couteau si elle ne le suit pas. La femme lui répond fièrement : « Jamais Carmen ne cédera : libre elle est née, et libre elle mourra. » Elle se retourne contre lui et tue Don José. Non, pardon. Cette version n'est pas la bonne. Mais elle a fait couler beaucoup d'encre en 2018, quand le metteur en scène italien Leo Muscato choisit de modifier la fin du célèbre opéra de Georges Bizet, quelques mois seulement après l'émergence de la vague #MeToo. Son argument : « On ne peut applaudir le meurtre d'une femme. » Si toutes les mises en scène lyriques suivaient ce credo, il n'existerait plus beaucoup de productions fidèles à voir sur scène. Car les femmes meurent à l'opéra. Elles sont violentées, fragilisées, violées, poussées au suicide, tuées.

Pas toutes, objecterez-vous (peut-être), mais la grande majorité des rôles féminins dans les opéras romantiques en donne une image peu glorieuse, ou plutôt une image de « défaite », comme le souligne la philosophe Catherine Clément dans *L'Opéra ou la Défaite des femmes* (1979). En analysant certains livrets, elle décrypte de nombreuses intrigues d'opéra et démontre à quel point les personnages féminins répondent à un regard masculin dominant et violent. Cette pensée critique l'idée que l'opéra sublime les femmes ou leur rend hommage. Certes, elles y sont très présentes – les opéras les plus joués dans le monde aujourd'hui mettent en scène des héroïnes qui donnent généralement leur titre aux œuvres –, mais leur destin est tragique. Ainsi dans *Tosca*, *Norma*, *Carmen*, *La Traviata*, *Madame Butterfly*, *Aïda*, *Lucia di Lammermoor*... les femmes meurent toutes. Pas de la même manière, pas pour les mêmes raisons, mais la pièce se termine toujours par une dernière complainte, un dernier cri, un dernier souffle avant que le rideau se baisse sur un corps de femme étendu à terre.

Bien sûr, les hommes n'échappent pas non plus à la mort. Rien que dans les opéras cités ci-dessus, on dénombre plusieurs victimes masculines, dont une, Arturo, tuée par sa fiancée. Cette scène de *Lucia di Lammermoor*, de l'Italien Gaetano Donizetti, où l'héroïne perd la tête (au sens figuré, pour une fois), est intitulée *Il dolce suono* (*Le doux son de ta voix*) ou « scène de la folie ». La grande majorité des mises en scène montre une femme en robe de mariée ensanglantée, chantant pendant une dizaine de minutes ses espérances, ses hallucinations et son désespoir dans une plainte sublime, déchirante. Cet air célèbre a notamment été repris dans le film *Le Cinquième Élément*, chanté par une cantatrice extraterrestre, Diva Plavalaguna – avant qu'elle enchaîne sur d'extravagantes vocalises sur fond de musique rythmée, ce qui n'a plus rien à voir avec l'opéra de Donizetti. Quoique… En composant cette scène, Donizetti écrit pour orchestre et harmonica de verre, un instrument développé à partir de 1761 par l'inventeur (et futur père fondateur des États-Unis) Benjamin Franklin. L'objet rassemble plusieurs bols de cristal que l'on frotte délicatement avec ses mains pour en sortir un son cristallin, mystérieux et qui, un siècle auparavant, était réputé pour créer des troubles nerveux. Profitons de cette introduction à l'harmonica de verre pour rappeler que sa première interprète était une femme, Mary Ann Davies, mise à l'honneur dans un livre (*L'Harmonica de verre et Miss Davies*) de l'historienne Mélanie Traversier, paru en 2021. Pour la création de son opéra, Donizetti opte tout de même pour la flûte traversière, mais il n'est pas rare aujourd'hui que certains orchestres utilisent le son des bols de cristal lors de cette scène évoquant la folie de Lucia.

Après avoir chanté son air, l'héroïne meurt sur scène, rejointe par celui qu'elle aimait, drame qui n'est pas sans rappeler l'intrigue de *Roméo et Juliette*. Au XIXe siècle, l'amour véritable, absolu, ne peut se vivre que dans la douleur ou dans la mort (au paradis). On se situe dans « une sorte d'utopie » pour reprendre les termes d'Alain

Vaillant (*Qu'est-ce que le romantisme ?*). L'opéra romantique est souvent inspiré de romans (Lucia di Lammermoor est l'héroïne de *La Fiancée de Lammermoor*, de Walter Scott), d'où la mise en scène récurrente d'histoires d'amour impossibles et tragiques. Mais il se joue autre chose pour certains personnages féminins. D'après le musicologue Timothée Picard, « la femme victime enrichit un fantasme caractéristique de l'amateur d'opéra selon les psychanalystes : le double souhait de hisser la diva (la mère) sur un piédestal et de la souiller ». Une femme (et de temps en temps un homme) ne peut pas aimer sans en souffrir, voire en mourir.

Un aspect punitif semble ressurgir dans toutes les morts à l'opéra. Carmen, par exemple, est une fille libre, qui se comporte comme un homme, séduit, désire, choisit ou rejette. « Si tu ne m'aimes pas, je t'aime. Si je t'aime, prends garde à toi ! » Ce personnage détonne et choque, d'autant qu'il est donné sous le nom d'opéra-comique, un rendez-vous familial où se pressent les jeunes filles à marier… Dans le journal *Le Siècle*, un journaliste résume la situation avec ces mots virulents : « C'est une Carmen absolument enragée. Il faudrait la bâillonner et mettre un terme à ses coups de hanche effrénés en l'enfermant dans une camisole de force après l'avoir rafraîchie d'un pot à eau versé sur la tête. » Peut-être ce critique n'a-t-il pas assisté à la fin de l'œuvre, puisque son souhait est exaucé : Carmen est tuée. Un meurtre qui sonne aussi comme une forme de morale pour le public. Certes, vous venez de voir un personnage dévergondé, choquant, mais à la fin ce n'est pas elle qui gagne.

Autre femme libre, même punition, dans *La Traviata*. L'opéra de Verdi, inspiré du roman d'Alexandre Dumas, *La Dame aux camélias*, met en scène Violetta Valéry, courtisane qui choisit de n'aimer qu'un seul homme, ce qui va à l'encontre de son métier – qui est de toute façon contraire aux bonnes mœurs. À la fin de l'œuvre, dans un *Addio del passato* (*Adieu au passé*) bouleversant, Violetta retrouve quelques instants son amoureux et meurt de la tuberculose. Double sanction : à l'égard d'un choix libre, celui de quitter sa condition, et à l'égard d'une femme qui a eu de nombreuses aventures. Sa réputation est indigne, sa liberté est dangereuse : Violetta doit mourir.

Quand les femmes ne se font pas tuer, ne meurent pas de folie ou de maladie, elles peuvent aussi choisir la mort. Le suicide est un élément récurrent à l'opéra, et parmi les plus célèbres, on peut en citer deux chez Puccini : *Tosca* et *Madame Butterfly*. La première héroïne, Floria Tosca, est une cantatrice qui, cherchant à retrouver son amant, subit le chantage sexuel d'un chef de la police. Elle interprète dans cette scène *Vissi d'arte*, air devenu célèbre notamment grâce à l'interprétation inoubliable de Maria Callas, chantant de toute sa splendeur, les mains en prière : « J'ai vécu pour l'art, j'ai vécu pour la musique. » Et contre toute attente, Tosca tue le policier. L'opéra de Puccini

« J'ai vécu pour l'art,
j'ai vécu pour la musique. »

met en scène une meurtrière, mais surtout une femme qui n'accepte pas l'intimidation, et va jusqu'à la vengeance ultime. Le châtiment ne se fait pas attendre : elle va par la suite assister au meurtre de son amant et, de tristesse et de rage, se jeter dans le Tibre.

L'autre suicide célèbre de l'opéra romantique se passe au Japon. Dans *Madame Butterfly*, un jeune officier américain rencontre une geisha de 15 ans et l'épouse. Jusqu'ici… rien ne va déjà, à vrai dire, mais poursuivons. L'officier quitte ensuite l'île nippone, abandonne sa femme et retourne dans son pays. Pendant trois ans, elle l'attend, sage et fidèle. Elle s'ennuie, repousse les demandes en mariage, et elle l'attend encore. Cette attente donne lieu à un des plus beaux airs d'opéra, *Un bel dì, vedremo* (*Un beau jour, nous verrons*), dont les paroles disent l'espoir mais dont la musique, avec ses notes aiguës presque criées, trahit l'inquiétude et la détresse de Madame Butterfly. Quand l'homme revient enfin, il n'est pas seul : à ses côtés se tient sa nouvelle épouse, une Américaine. Cio-Cio-San (qui signifie en japonais « Madame Papillon ») lui présente son fils, qu'elle élève depuis trois ans, et comprend qu'elle n'a été pour le soldat qu'une passade exotique. Elle laisse alors l'enfant au couple américain et se tranche la gorge avec un poignard, forme rituelle de suicide des Japonaises appelée *jigai*.

Il existe bien sûr de nombreux autres personnages d'opéra, hommes et femmes, poussés au suicide. Mais pour continuer de piocher dans notre liste d'opéras ayant pour titre le nom de l'héroïne, impossible de passer à côté d'Aïda, esclave qui se révèle être la fille du roi d'Éthiopie. À la fin, Aïda rejoint en cachette son amant, condamné à mourir emmuré dans une crypte. En choisissant de le retrouver, elle signe son arrêt de mort. Encore une mort par amour, symbole du romantisme par excellence où le sentiment amoureux prime tout le reste : la famille, le pouvoir, le conflit et l'amitié.

Les rôles à l'opéra ne sont pas tous une « défaite » pour les femmes. Si l'on regarde du côté du baroque par exemple, on y croise des personnages féminins importants comme Ariane (*Ariane et Bacchus* de

Marin Marais), Clytemnestre ou Iphigénie (*Iphigénie en Aulide* et *Iphigénie en Tauride* de Christoph Willibald Gluck), mais aussi Eurydice, Didon, Pénélope, Daphné, Hélène, Phèdre, Cléopâtre, Poppée… Certaines ont eu droit à leur version romantique (merci Richard Strauss), mais la plus présente des femmes puissantes s'appelle Médée.

Personnage mythologique, elle est mise en scène dans l'opéra du même nom de Luigi Cherubini. La magicienne meurtrière (elle tue un roi, son frère et ses deux enfants) triomphe et échappe à la mort finale. Cette figure mythique a inspiré des opéras, mais aussi des cantates, des tragédies lyriques, des ballets ou des suites orchestrales… Médée serait-elle une muse malgré sa cruauté ? Si Sénèque la décrit comme l'union entre « la perversité de la femme » et « la force de l'homme », son histoire permet de sortir les femmes du rôle d'éternelles amoureuses passives ou de personnages soumis au désir et au pouvoir des hommes.

Médée est une aubaine pour enrichir le répertoire, et un exemple parfait pour montrer qu'à l'opéra, il n'y a pas que des défaites. Mais de là à proclamer certains opéras comme féministes, ou à justifier une programmation totalement masculine parce que « les femmes » sont à l'honneur, il y a de la marge : Carmen, Violetta, Pamina, Aïda et les autres… montrent surtout que les femmes sont rarement représentées dans toute leur complexité, leur indépendance, leur pouvoir, loin des stéréotypes de genre. Il est un peu tard pour les opéras romantiques (déjà écrits et adorés), mais il suffit parfois d'une mise en scène comme celle de Leo Muscato avec *Carmen* pour apporter un nouveau regard sur les personnages et l'intrigue. Certains compositeurs aussi ont tenté d'aborder frontalement le sujet des inégalités entre les hommes et les femmes. Francis Poulenc, en 1947, crée *Les Mamelles de Tirésias*, adaptation d'une pièce de Guillaume Apollinaire. Dans cet opéra, Thérèse change de sexe et devient Tirésias. Elle abandonne son ennuyeux statut de femme au foyer pour conquérir le monde pendant que son mari se retrouve coincé chez lui. Tirésias loue les avantages de ne pas faire d'enfants et d'être libre, effrayant son mari qui craint que toutes les femmes ne suivent son exemple. Le mari trouve alors le moyen de procréer sans les femmes et met au monde quarante mille quarante-neuf enfants en une journée. Après de nombreuses péripéties, Tirésias (entre-temps devenu cartomancien) finit par regagner son foyer et retrouver son sexe féminin. L'œuvre se termine par ce paragraphe :

Écoutez, ô Français, les leçons de la guerre
Et faites des enfants, vous qui n'en faisiez guère
Cher public : faites des enfants !

Si cet opéra est présenté comme féministe, cela tient surtout au début de l'œuvre, où Thérèse loue les avantages d'être un homme. Pour le reste, on pourra réserver son enthousiasme, car le contexte post-guerre mondiale n'aide pas à imaginer autre chose – pour l'émancipation des femmes – que de faire des enfants…

L'opéra peut-il être féministe ? Oui, mais seulement si l'on propose au public une nouvelle lecture de ces livrets, de ces airs et de ces personnages. Inutile de tomber dans la démagogie ou l'édulcoration à la manière des dessins animés Disney (non, la Petite Sirène ne finit pas avec le beau prince dans le conte d'Andersen). Parfois, un détail subtil dans une mise en scène peut tout changer ; encore faut-il que les personnes appelées soient assez engagées pour ne pas proposer une lecture trop « premier degré » des œuvres. En alliant ce défi pour les maisons d'opéra avec des créations contemporaines plus nombreuses, l'opéra pourra peut-être un jour s'inscrire pleinement dans le XXIe siècle.

Les femmes à la trompette ?
Les femmes à la trompette !

Ce jour-là dans la commune d'Orbec, au cœur de la Normandie, les villageois assistent à un spectacle saugrenu : au milieu d'une quarantaine de groupes vocaux, une fanfare de femmes souffle dans des trombones, des cors, des saxhorns et des cornets à piston… Nous sommes le 6 août 1865 et, pour la première fois, un petit orchestre de cuivres exclusivement féminin va se produire en public pour le « grand concours orphéonique » qui récompense chaque année les plus belles interprétations de musique populaire. Les musiciennes montent sur scène. Dirigées par Alphonse Sax, frère de l'inventeur du saxophone et fervent défenseur de la pratique instrumentale pour les femmes, elles entonnent face à une foule curieuse l'hymne du Second Empire, *Partant pour la Syrie*. La musique est composée par Hortense de Beauharnais (la mère de Napoléon III) sur des paroles d'Alexandre de Laborde. Le public et le jury sont stupéfaits. L'orchestre enchaîne sur les très récentes et appréciées *Variations sur le carnaval de Venise* de Jean-Baptiste Arban, mélodie entraînante et festive qui se termine par quelques pages de musique virtuoses. Le public applaudit chaleureusement. La fanfare repart avec deux médailles d'or, l'une pour la formation musicale et l'autre pour son chef.

Le succès de l'événement convainc Alphonse Sax du bien-fondé de son projet un peu fou : faire adopter les cuivres par la gent féminine. Deux ans plus tôt, il a publié un livre intitulé *Gymnastique des poumons. La musique instrumentale au point de vue de l'hygiène et la création des orchestres féminins*, dans lequel il prône la pratique instrumentale, notamment des cuivres, pour les femmes. Selon lui, jouer d'un instrument comme le cor, le bugle (proche de la trompette) ou le cornet à piston (sorte de petit cor) serait bénéfique pour la santé, le souffle, la grossesse, mais aussi pour l'avancée de la société, car il considère que « la femme n'a plus rien ». Convaincu que les femmes sont écrasées par la toute-puissance de l'homme dans la famille, dans la cité et dans les arts, ce féministe ne se contente pas d'exposer sa pensée : il forme plusieurs jeunes filles aux instruments à vent pour étudier (sans que ses recherches aient une réelle valeur scientifique) les impacts positifs de la musique sur leur santé et démontre, par ailleurs, qu'elles sont tout à fait capables de jouer brillamment des instruments de musique considérés comme masculins.

Nous y sommes. D'où vient cette idée d'instruments genrés ? Pourquoi, au XIXe siècle, une femme peut-elle jouer du piano, même en public, mais n'a pas le droit de toucher aux instruments à vent ? La règle est d'autant plus étrange qu'il existe des représentations de musiciennes percussionnistes, flûtistes, guitaristes, harpistes dès l'Antiquité, sur des vases notamment, et qu'en plein Siècle des Lumières certaines instrumentistes s'illustrent à la viole de gambe, au cor, au violon ou à la mandoline. Leur nombre est certes très réduit, mais elles peuvent intégrer des orchestres et se produire au Concert spirituel, une société qui organise les soirées musicales les plus en vue sous Louis XV et Louis XVI. Il suffira de quelques décennies pour que les rares instrumentistes disparaissent complètement des scènes et que s'installe la norme : non, on ne joue pas de certains instruments de musique quand on est une femme.

La tradition perdure. Dans les orchestres aujourd'hui en France, selon une étude de l'Association française des orchestres (réalisée sur la saison 2016-2017 auprès d'une quarantaine d'ensembles), les femmes représentent moins de 5 % des cuivres et percussions, elles sont moins d'un quart à occuper les pupitres de contrebasses, quand, à l'inverse, on les retrouve à 85 % à la harpe et elles sont plus de la moitié à jouer de la flûte traversière. D'où vient cette répartition des instruments de musique ?

Il y a les réponses, presque évidentes et très cliché, du son et de la taille. Aux femmes les petits instruments aux sonorités aiguës, comme la flûte, aux hommes les instruments encombrants aux sonorités graves, comme la contrebasse. Inconsciemment, on classe les instruments en fonction de leur ambitus, leur étendue sonore, et on ajoute le préjugé selon lequel une jeune fille ne peut pas tenir un instrument trop lourd pour elle. Pour déconstruire ce mythe, tentez de jouer de la harpe (instrument dit féminin) ou d'en transporter une, et vous verrez à quel point les harpistes jouent avec tout leur corps et une force physique impressionnante. Mais comme le son de cet instrument est très doux, les hommes en sont exclus, ou atteints dans leur virilité comme en témoigne la critique d'Émile Vuillermoz écrite en 1912 lors d'un concours de harpe : « On voit parfois un timide adolescent, fourvoyé dans l'essaim blanc et rose des fillettes aux doigts légers se présenter gauchement sur la scène qu'attriste son veston noir et froisser de ses rudes phalanges les cordes d'or toutes vibrantes de la douce caresse de jolis bras nus. »

À l'inverse, quand les femmes s'emparent d'instruments qui ne siéent pas à leur sexe, les commentaires fusent – ainsi le critique musical Albert Cler écrit en 1840 : « La femme qui empiète sur les instruments spécialement réservés aux hommes et qui, par exemple, joue du violon, de la flûte ou de la contrebasse, a, pour l'ordinaire, une allure de caractère masculin et un soupçon de moustaches. »

À la fin du XVIIIe siècle, un pasteur et compositeur allemand, Carl Ludwig Junker, publie un texte qui illustre bien le changement de mentalité vis-à-vis des musiciennes. Il y établit une liste d'instruments dont les femmes peuvent jouer : le clavecin, le luth, la cithare ou la harpe. Son argument principal pour justifier cette classification (qui va perdurer pendant plus d'un siècle) repose sur le fait qu'une femme jouant d'un instrument à vent… s'enlaidit. On va donc arracher les instruments de musique des mains des femmes sur un critère purement esthétique, corporel. La musicologue et sociologue Hyacinthe Ravet revient longuement sur cette conception des instrumentistes dans son livre *Musiciennes. Enquête sur les femmes et la musique*. Au XIXe siècle, le corps féminin doit rester gracieux, pudique et discret. Ce contrôle qui pèse sur les femmes rend impossible pour elles la pratique de certains instruments. Le violoncelle ? On le tient entre les jambes écartées : indécent. La flûte ? On utilise la bouche et on sécrète un peu de salive : peu recommandable. Le hautbois, la clarinette, le basson ? Il faut prendre un bec ou une anche dans la bouche : encore malsain. Le violon ? Le corps est beaucoup trop en mouvement, les bras font des gestes amples : hors de question. Et les cuivres, la trompette, le cor, le trombone ? Le visage rougit, les joues gonflent, la salive doit parfois être évacuée de l'instrument : encore non.

Ce contrôle qui pèse sur les femmes rend impossible pour elles la pratique de certains instruments.

En France, la mixité dans les classes du Conservatoire, acceptée dès sa création en 1795, est relative. Les cours sont bien séparés, tout comme l'entrée du bâtiment parisien : les filles passent par la rue Bergère, les hommes par la rue du Faubourg-Poissonnière. Les seuls moments où la promiscuité est autorisée sont les concerts du Conservatoire. Sinon, la règle est stricte : les filles n'ont pas le droit de parler ni même de s'arrêter dans un lieu où, ô malheur, il pourrait y avoir des hommes. Malgré tout, cet accès à l'apprentissage musical permet aux femmes d'obtenir un diplôme supérieur, de se produire en public et d'exercer un métier. Ce sont de réelles avancées quand on compare l'institution à l'université, où elles accèdent seulement à partir de la seconde moitié du XIXe siècle. Toutes les portes ne leur sont pas ouvertes cependant. Au début du siècle, elles s'inscrivent majoritairement en classes de piano, d'harmonie et de chant, puis de harpe (à partir de 1841, car la classe était auparavant réservée aux hommes), à défaut de pouvoir intégrer les cours d'écriture, de violon, violoncelle, contrebasse et toutes les classes d'instruments à vent – elles ne peuvent pas non plus apprendre la composition.

Certaines arrivent à contourner les interdits, et même les hommes se mettent à penser à des solutions pour que la pratique instrumentale soit accessible sans « renoncer à la grâce ». Ce sont les mots du violoniste Jean-François Bellon qui propose une méthode, *Le Violon des dames*, dans laquelle elles apprennent à jouer en positionnant l'instrument non pas sous le menton mais sur le genou. Dans le lot des instruments interdits, seule la harpe semble échapper aux critères de bienséance : c'est un instrument imposant, qui se tient entre les jambes et surtout qui demande une force physique importante, tant au niveau des bras qu'au niveau des jambes avec le jeu de pédales. Plusieurs raisons à cette exception. Il y a le son, on l'a vu : cristallin, aigu, léger, romantique, il s'associe plus facilement au féminin dans la perception que l'on s'en fait à l'époque (et encore aujourd'hui). Et puis, la harpe est un instrument très ancien, qui se rapproche de la lyre, or il existe de nombreuses représentations de musiciennes jouant de ces instruments à cordes pincées, ce qui favorise son acceptation. Enfin, l'aspect imposant de la harpe a de bons côtés : laisser les femmes accéder à des instruments qui ne se déplacent pas facilement permet de mieux contrôler leurs déplacements. Avec le piano ou la harpe, elles ne peuvent pas jouer leur musique n'importe où, avec n'importe qui. Elles sont dépendantes de leur instrument et du lieu dans lequel il se trouve.

Très vite, à l'interdiction morale va s'ajouter une interdiction presque clinique. Si Alphonse Sax, dans sa *Gymnastique des poumons*, insiste sur les bienfaits de la pratique musicale, c'est pour répondre aux études qui montrent les effets néfastes que souffler dans un instrument aurait pour les femmes. Et le mot « gymnastique » n'est pas anodin, puisque c'est l'une de rares activités physiques alors autorisées pour les femmes. Le sport pourrait en effet troubler la fertilité, voire rendre stérile. Moins explicite mais plus profonde, une dernière hypothèse sur la répartition genrée des instruments, inspirée de l'essai de Paola Tabet *Les Mains, les outils, les armes*, reprend l'idée d'une distinction entre l'art inné, naturel, et l'art qui a besoin d'un outil, d'un objet, ici l'instrument de musique. Dans cette perception, on associe plus facilement les femmes à la spontanéité et donc au chant et à la danse, et les hommes à la technique, donc à la pratique instrumentale.

En pleine période romantique, les orchestres grossissent. Ils accueillent désormais la flûte traversière moderne qui deviendra un instrument dit féminin, et là où les chefs d'orchestre émergent, les musiciennes, elles, s'effacent. Là où elles auraient pu faire carrière en suivant des cours au Conservatoire, là où elles auraient pu devenir des interprètes brillantes, à défaut de pouvoir faire entendre leurs compositions, on les contraint à une pratique amateur, intime, confidentielle ou bâtie sur un instrument unique : le piano. Lueur d'espoir dans ce sombre tableau : la période romantique est propice aux grandes œuvres pianistiques. Presque un siècle après Hélène de Montgeroult, le piano devient roi et va faire naître quelques reines incontestées au fil du XXe siècle.

Playlist 4

Fanny Mendelssohn, *Italien*

Fanny Mendelssohn, *Trio avec piano*, opus 11

Clara Schumann, *Trio avec piano*, opus 17

Cécile Chaminade, *Concertstück*

Alma Mahler, *Hymne*

Louise Farrenc, *Troisième symphonie*

Augusta Holmès,
La Montagne noire

Louise Héritte-Viardot,
quatuor avec piano
Im Sommer

Mel Bonis, *Trois femmes de légende*

Gaetano Donizetti, « Il dolce suono »,
air extrait de l'opéra *Lucia di Lammermoor*

Giacomo Puccini, « Un bel dì, vedremo »,
air extrait de *Madame Butterfly*

Georges Bizet, « Le trio des cartes »,
air extrait de *Carmen*

5

LES MODERNES CONFIANTES

Le XXe siècle s'ouvre sur de belles promesses. La compositrice française Lili Boulanger obtient le prestigieux Grand Prix de Rome, une première pour une femme. Des orchestres féminins, dirigés par des cheffes, sont fondés aux quatre coins de l'Europe. Les instrumentistes solistes se font une place, à l'image de la violoniste Ginette Neveu qui remporte l'exigeant Concours international de violon Henryk Wieniawski. Et outre-Atlantique, le monde entier découvre et tombe sous le charme de la voix grave de la contralto Marian Anderson, cantatrice afro-américaine qui deviendra un modèle pour des générations de chanteuses. Mais dans ce climat de bonnes nouvelles et de premières fois, les deux guerres mondiales éclatent et bouleversent cet élan.

La sororité des Boulanger

Le 22 mai 1913, cinq jeunes candidats poussent les portes du château de Compiègne. Après avoir réussi deux épreuves éliminatoires, ils ont désormais un mois pour préparer la finale du concours de musique : présenter une cantate à composer sur un poème d'Eugène Adenis intitulé « Faust et Hélène ». Parmi les heureux élus, une femme : Lili Boulanger. La musicienne est plus déterminée que jamais. L'année précédente, sa santé fragile l'a empêchée d'accéder à cette ultime épreuve ; cette fois, elle est prête à aller jusqu'au bout. Après un mois d'isolement et de travail acharné, les cinq œuvres sont entendues par le jury à l'Académie des beaux-arts de Paris. Ce jour-là, la cantate de Lili Boulanger passe en troisième position. Pour l'occasion, elle réunit des chanteurs et chanteuses de l'Opéra et de l'Opéra-Comique, dans un casting brillant complété par Nadia Boulanger, sa sœur, au piano, et elle assure elle-même la direction de l'ensemble. Le rendu sera sans appel : avec trente et une voix sur trente-six, Lili Boulanger reçoit en 1913 le premier Grand Prix de Rome, et un commentaire élogieux du jury : « Intelligence du sujet et justesse de la déclamation. De la sensibilité et de la chaleur. Sentiment poétique. Orchestre intelligent et coloré. Cantate remarquable. » À 19 ans, la compositrice devient la première femme à remporter le concours le plus prestigieux du monde de la musique.

Le XXe siècle ne pouvait s'ouvrir sur une meilleure nouvelle pour les créatrices. Décerner ce prix à une femme de 19 ans dans un milieu aussi académique que la musique, qui plus est par un jury réputé pour sa misogynie, c'est un signe très fort de reconnaissance. Lili Boulanger devient officiellement la « première femme compositeur » reconnue dans le monde musical. Et – c'est un couronnement – le mot « génie » surgit enfin dans la presse pour qualifier le talent d'une femme. Son œuvre interpelle ses contemporains et suscite l'admiration des compositeurs déjà bien installés comme Maurice Ravel, Gabriel Fauré ou Claude Debussy. Mais Lili Boulanger va connaître une gloire aussi fulgurante qu'éphémère… La géniale musicienne meurt à 24 ans, emportée par ses nombreux problèmes de santé. Tous les éléments s'assemblent pour esquisser le début d'un mythe parfait, celui du génie frappé en plein vol. Néanmoins, les mythes sont censés durer dans le temps et faire naître des légendes… Or qui, aujourd'hui, hors du milieu musical, peut citer une œuvre de Lili Boulanger ?

Nadia Boulanger a consacré une partie de sa vie à transmettre la mémoire et la musique de sa petite sœur. Rigueur, froideur, exigence, ce sont les mots qui reviennent souvent pour qualifier cette aînée qui était à la fois pianiste, organiste, cheffe de chœur et cheffe d'orchestre, compositrice et pédagogue. Tout le monde connaît Nadia Boulanger. En tout cas, toutes les personnes qui, de près ou de loin, ont côtoyé le monde musical du XXe siècle. Elle n'était toutefois pas sur le devant de la scène – sauf pour diriger des orchestres. Elle n'a pas non plus signé de chefs-d'œuvre. Sa popularité s'est construite dans les couloirs du Conservatoire de Paris, de l'École normale de musique et du Conservatoire américain de Fontainebleau. Son aura a aussi grandi chez elle, dans sa maison secondaire de Gargenville dans les Yvelines, ou au 36, rue Ballu, à quelques mètres de la place de Clichy à Paris – lieu désormais renommé place Lili-Boulanger. Dans cet appartement du IXe arrondissement où trônaient un piano et un orgue (!), rempli de photos et de bouquets de fleurs, Nadia Boulanger a reçu des centaines d'élèves, parmi lesquels certains sont devenus des musiciens ou compositeurs incontournables. Dans sa vie de professeure, elle a ainsi formé les Américains Aaron Copland, Philip Glass, Leonard Bernstein et Quincy Jones. Nadia Boulanger a enseigné au roi du tango Astor Piazzolla, au chef et pianiste Daniel Barenboim, à des compositeurs aussi différents que Michel Legrand, Iannis Xenakis, Michaël Levinas ou Pierre Henry, et à quelques compositrices, parmi lesquelles Betsy Jolas et Grażyna Bacewicz.

La liste, loin d'être exhaustive, donne un aperçu de l'impact de sa pédagogie sur la musique du xxe siècle. Que ce soit dans la création contemporaine, l'interprétation, le jazz, la musique de films ou les comédies musicales, la pensée, la pédagogie et l'influence de cette femme planent sur ce siècle. Encore aujourd'hui, certains anciens élèves se remémorent avec émotion et respect les leçons magistrales de « Mademoiselle ». Ce surnom, considéré comme une marque de respect, renvoie toutefois à son statut de femme célibataire et sans enfants. Cette image de « vieille fille » lui colle à la peau mais la protège, d'une certaine manière, de toute réputation sulfureuse. Les récits autour de Nadia Boulanger ne parlent jamais de ses histoires de cœur. On se concentre sur ses relations de travail et sur son caractère austère et impressionnant.

L'enseignement est au cœur de sa vie. Plus tard ses yeux lui font défaut mais jamais ses oreilles, et elle continue de recevoir chez elle ses anciens élèves, des artistes prometteurs et ses nombreuses amitiés. Elle donne classe jusqu'à la fin de ses jours, en 1979. Elle a alors 92 ans. La pédagogue porte une autre mission tout au long de son existence : faire vivre la mémoire de sa sœur cadette. Avant que Lili Boulanger ne se mette à la composition et consacre son temps à écrire de la musique, c'était Nadia qui créait. Elle concourt d'ailleurs au Prix de Rome cinq ans avant le triomphe de sa sœur, et obtient l'honorable deuxième Second Grand Prix, qui correspond à la quatrième place. Or en constatant le don de Lili, elle arrête tout. Non par jalousie, mais par lucidité. Les femmes ont encore de grandes difficultés à s'imposer comme compositrices, et les places sont chères, y compris parmi les hommes… En laissant le champ libre à sa sœur, elle lui ouvre le plus de portes possible et montre à quel point elle croit en elle. Encore adolescente, la cadette des Boulanger compose des œuvres remarquables, et reçoit le soutien de nombreuses personnalités musicales qui vont l'encourager et lui montrer des formes sincères d'affection et d'admiration. L'un des premiers à remarquer son talent est le compositeur Gabriel Fauré. Il va lui donner ses premiers conseils musicaux, notamment pianistiques, avant qu'elle n'intègre le Conservatoire de Paris en 1909.

Lili Boulanger tombe malade, très souvent, dès son plus jeune âge. Les causes sont peu identifiées, mais sa santé l'empêche de vivre la vie d'une fillette pleine d'envies, d'ambition et d'idées. À cette fragilité s'ajoute, alors qu'elle a 6 ans, la perte de son père, qui la marque profondément. Ces deux éléments biographiques vont déterminer sa personnalité musicale. Quand on écoute l'œuvre de Lili Boulanger, on entend une musique profonde, intense, complexe et parfois sombre. Plus elle avance en âge, plus ses œuvres se chargent de densité, d'une conscience tragique de la mort. Ses psaumes – comme le n° 129, *Ils m'ont assez opprimé dès ma jeunesse* – manifestent la force d'une compositrice qui, dans sa vingtaine, écrit comme une femme que la vie a usée.

Ils m'ont assez opprimé dès ma jeunesse.

Deux ans avant de mourir, Lili Boulanger éprouve des fatigues intenses, elle est percluse de douleurs et, pendant de longues semaines, n'a plus la force de rien. Elle profite des quelques moments de répit pour composer, dans une forme d'urgence. Pendant l'année 1918, elle se repose dans une maison à Mézy-sur-Seine, à quelques kilomètres de la résidence secondaire des Boulanger. Très affaiblie et consciente de vivre ses derniers instants, elle dicte à Nadia les notes de son *Pie Jesu*, une prière lente, apaisée, qui se conclut par un sublime « Amen » et des notes, comme suspendues, qui ne veulent plus s'arrêter de résonner.

Quand elle écrit *Pie Jesu* sur son lit de mort, elle ajoute cette dernière partition vocale à son œuvre d'une petite cinquantaine de pièces, dont beaucoup de musique chorale. Mais ici, à la différence d'un chœur entier, elle n'utilise qu'une voix de soprano accompagnée par un quatuor à cordes, une harpe et un orgue. Par sa sobriété, ce morceau se distingue des autres, car la musicienne a ambitionné d'écrire pour des grandes formations orchestrales et composé des œuvres symphoniques imposantes telles que la *Vieille prière bouddhique* ou *D'un matin de printemps*. La fin est douce. Le 15 mars, les souffrances de Lili Boulanger cessent. La compositrice meurt, et la nouvelle provoque une onde de choc dans le milieu musical.

Comment ne pas lier cette fin tragique à celle de Mozart ? Lui aussi dicte son ultime partition, un requiem, sur son lit de mort, à l'exception près qu'il ne terminera jamais son œuvre, contrairement à Lili Boulanger. Elle, malgré tout, ne sera pas arrivée à mettre un point final à l'un de ses plus grands projets : l'écriture d'un opéra. Après l'obtention de son Prix de Rome en 1913, la lauréate se voit offrir un séjour de deux ans à la Villa Médicis. Or sa mère s'inquiète de sa santé et s'alarme aussi de laisser sa cadette parmi des hommes. Une seule autre femme réside alors dans la Villa, la sculptrice Lucienne Heuvelmans. Finalement, un compromis est trouvé : Lili peut partir, à condition que sa mère l'accompagne. Le séjour sera de courte durée : elle n'y reste que quatre mois, sa mère se lassant d'être loin de Paris. Mais ce sera une période heureuse et productive où Lili Boulanger découvre les joies de la camaraderie, entourée d'artistes brillants, et avance sur son opéra, auquel elle pense depuis plus d'un an.

C'est en effet en 1912 qu'elle découvre une pièce de Maurice Maeterlinck, *La Princesse Maleine*, et imagine de l'utiliser pour son intrigue lyrique. L'auteur est connu : c'est lui qui a prêté une de ses histoires à Claude Debussy pour son unique opéra, *Pelléas et Mélisande*. Lili Boulanger, elle, s'attache à cette *Princesse Maleine* dont le personnage principal de la pièce est une femme victime d'un mal mystérieux qui finit par mourir empoisonnée (puisque les héroïnes meurent à l'opéra, on l'a vu). La compositrice demande à son auteur l'autorisation de remanier certains passages. Maeterlinck accepte et lui écrit en 1916 : « Mademoiselle, je vous autorise avec le plus grand plaisir à mettre en musique mon drame en cinq actes : *La Princesse Maleine.* » Lili Boulanger s'attaque donc à la réécriture du livret, puis à la musique, aux voix, à l'orchestration… Régulièrement, elle envoie des nouvelles de ses avancées au librettiste, lequel se réjouit de pouvoir un jour écouter sa pièce mise en musique par une des plus brillantes musiciennes de ce début de siècle. Il se montre serein et impatient, même dans les instants où Lili Boulanger est au plus mal : « J'ai une confiance qui me vient je ne sais d'où et que je voudrais vous faire partager. Je sens, je dirais presque, je sais que l'enfant de génie qui doit donner une voix à la Princesse Maleine ne peut s'en aller avant d'avoir accompli son œuvre qui ici semble se confondre avec son destin », écrit-il à Nadia Boulanger un an avant le décès de sa sœur.

Mais… la partition est introuvable. Pas de traces de *La Princesse Maleine* dans les archives. Il semble pourtant que l'œuvre était déjà bien avancée. Que s'est-il passé ? Quelqu'un aurait-il cherché à faire disparaître cet opéra ? Si oui, pourquoi ? Ou bien est-ce une erreur, et l'on pourrait espérer dénicher un jour le manuscrit au fin fond d'une bibliothèque ou d'un grenier ? Jérôme Spycket, qui a consacré une biographie à Lili Boulanger, avance plusieurs hypothèses, dont celle, plausible, d'une destruction de la partition par la grande sœur protectrice. Sûre du talent de sa petite protégée, Nadia Boulanger aurait pu juger l'œuvre encore trop fragile, voire en dessous de ce dont était capable la prodige. Elle aurait ainsi pu détruire la partition après la mort de Lili, dans un geste mûrement réfléchi pour la construction d'une postérité. Il est difficile de lui en vouloir, car c'est par son dévouement que l'œuvre et la mémoire de Lili Boulanger ont été préservées.

Musiciennes de légende et destins tragiques

Le dos voûté et la démarche hésitante, la musicienne s'avance sur scène dans un silence total. Le public retient son souffle : arrivera-t-elle seulement jusqu'à son instrument ? Tout dans son corps et dans son attitude respire la fragilité. Elle s'assoit devant le piano et pose les mains sur le clavier. Dès les premières notes de la *Sonate pour piano n° 17* de Beethoven, dite *La Tempête*, les doutes s'envolent. La pianiste aux cheveux sombres déploie une énergie et une justesse dans son jeu telles que l'on ne retient plus son souffle par inquiétude mais pour mieux écouter. Son nom : Clara Haskil. Une des plus grandes musiciennes du XXe siècle.

Quand elle naît en 1895, des changements majeurs apparaissent dans la musique : la période romantique est révolue, le jazz arrive et, surtout, Richard Wagner est omniprésent. Le compositeur impose de nouveaux codes, dans la composition mais aussi dans l'art du concert – c'est à lui que l'on doit le silence imposé dans la salle. Ce silence accompagne une révolution qui se produit à l'aube des années 1900, le développement de l'enregistrement sonore. Les techniques s'améliorent d'année en année, les industriels et inventeurs se frottent les mains et les premières firmes commerciales voient le jour. Désormais, la musique ne sera plus un art de l'éphémère. On pourra graver un concert, partager un instant musical, capter une voix, un silence, un vibrato. Ce bouleversement va faire naître toute une génération d'interprètes légendaires. Certes, et on l'a vu dans ce livre, les instrumentistes, chanteurs et chanteuses avaient le pouvoir de se faire un nom, mais désormais le jeu des musiciens et musiciennes devient éternel.

Il serait absurde de parler des solistes du XXe siècle comme de pionnières. La musique classique a vu briller au cours de son histoire des virtuoses acclamées dans toute l'Europe. On l'a vu avec Clara Schumann et ses tournées en Russie, on peut aussi citer Lise Cristiani – une des très rares violoncellistes de la première moitié du XIXe siècle, qui voyage jusqu'en Sibérie pour jouer de son stradivarius –, ou encore Maria et Teresa Milanollo, deux sœurs italiennes au jeu de violon éblouissant. Mais seuls les écrits attestent leur talent. Tandis qu'à partir de la période moderne, les musiciennes connues font, encore aujourd'hui, entendre leur jeu. S'il fallait ne retenir que trois histoires, ce seraient celles de Clara Haskil pour le piano, Jacqueline Du Pré pour le violoncelle et Ginette Neveu pour le violon. Pourquoi ? Parce que toutes ont vécu un destin tragique, alimentant leur renommée, et toutes surtout suscitent une forme d'unanimité parmi les mélomanes.

Comment reconnaître le génie lorsque l'on n'a pas forcément l'oreille avertie ? Il faut faire confiance à ses oreilles, et parfois aussi se plonger dans les histoires des artistes, qui recèlent de nombreux indices. Par exemple, à l'âge de 5 ans, la Roumaine Clara Haskil est capable de reproduire à la perfection au piano une sonatine de Mozart qu'elle vient d'entendre pour la première fois. C'est une jeune fille brillante mais triste. Ses premières années sont rudes. Elle perd son père très jeune et, à 7 ans, l'enfant est envoyée loin de sa famille, à Vienne, pour étudier le piano sous la garde de son oncle. Elle atterrit trois ans plus tard à Paris, se fait renvoyer du Conservatoire par Alfred Cortot qui critique sévèrement son jeu, mais est rattrapée par Gabriel Fauré – admirateur et protecteur de Lili Boulanger – qui la prend sous son aile. Elle se sent seule, subit un traitement médical très violent pour sa scoliose et perd sa mère d'un cancer.

En grandissant, sa carrière peine à décoller, sans explication valable. Est-ce son humilité qui la pousse à rester en retrait ? La pianiste traverse de sombres années. Juive, elle doit se cacher à Marseille pendant la Seconde Guerre mondiale et, en 1942, elle subit une opération d'urgence : on lui diagnostique une tumeur du nerf optique. Sa récente notoriété lui permet tout de même de faire venir en cachette un neurochirurgien depuis la capitale. Opérée sous anesthésie locale pendant de longues heures, Clara Haskil doit jouer dans le vide le *Concerto pour piano n° 9* de Mozart, dit *Jeunehomme*, afin de vérifier que son cerveau n'est pas atteint.

Il faut attendre la fin de la Seconde Guerre mondiale pour qu'enfin le talent de Clara Haskil soit considéré à sa juste valeur. Elle connaît une dizaine d'années de gloire, d'enregistrements, d'amitiés avec les plus grands artistes, de Charlie Chaplin au chef d'orchestre Herbert von Karajan en passant par le pianiste Dinu Lipatti. Clara Haskil enregistre les œuvres des grands maîtres de la musique : Beethoven, Mozart et Schumann (Robert, pas Clara malheureusement). La critique salue son audace. On dit qu'elle ne se contente pas d'interpréter leur musique, mais qu'elle les rend vivants. La musicienne joue de toute son âme et personne n'arrive à savoir d'où lui viennent cette inspiration, et ce talent.

La pianiste est rattrapée par sa santé fragile en 1960. Alors qu'elle est attendue à Bruxelles pour un concert avec le violoniste Arthur Grumiaux, Clara Haskil tombe dans les escaliers de la gare. La chute lui sera fatale : à 65 ans, elle s'éteint le 7 décembre. Ginette Neveu et Jacqueline Du Pré aussi ont brutalement été fauchées dans leur parcours, bien plus jeunes encore que Clara Haskil.

Toutes les deux sont des génies. Mais comment le reconnaître ? Quand l'oreille fait défaut pour identifier un talent rare, la vue peut aider. Il existe plusieurs vidéos de Jacqueline Du Pré en répétition ou en concert. Il suffit de voir s'illuminer son visage au son des notes, de regarder ses doigts glisser avec une facilité déconcertante sur son archet, d'admirer son corps entièrement au service de la musique, son buste s'emparant du violoncelle pour le faire chanter. Et puis on notera des indices dans sa carrière, qui explose avec l'enregistrement du *Concerto pour violoncelle* d'Edward Elgar, une pièce peu jouée. À 20 ans, elle enregistre cette œuvre déchirante, virtuose et inconnue du grand public. Le disque va devenir une référence, et ce concerto sera pendant des décennies si étroitement associé à elle que personne d'autre n'osera le jouer.

Jacqueline Du Pré est célébrée et mise en avant à la moindre occasion. Et on ne s'en plaint pas, tant son aura et son jeu semblent voués à l'éternité. Sa vie a été décryptée, racontée, analysée sous les moindres coutures. Peut-être pas toujours pour les bonnes raisons. Au pic de sa renommée, elle rencontre le pianiste et chef d'orchestre Daniel Barenboim. C'est un coup de foudre, et les deux artistes se marient un an après. Ensemble, ils électrisent les plus grandes salles du monde entier. Son regard de chef admiratif quand elle joue avec passion un concerto pour violoncelle d'Elgar ou de

Dvořák annonce une complicité musicale exceptionnelle.

Mais à l'âge de 26 ans, la musicienne, atteinte d'une sclérose en plaques, commence à sentir son corps la lâcher. Doucement, puis de plus en plus rapidement, elle perd toute sensibilité et mobilité des mains et des doigts. La maladie ronge son corps. Jacqueline Du Pré arrête sa carrière de soliste à 28 ans pour se consacrer à l'enseignement. Affaiblie au cours des années, elle s'éteint à Londres en 1987 à l'âge de 42 ans. Quelques années lui auront suffi pour développer et convaincre le milieu musical de son talent incontestable, inouï, brisé par une maladie incurable.

Il existe de rares images de notre dernière musicienne géniale. La seule vidéo de la violoniste Ginette Neveu en train de jouer immortalisent un concert de 1946 où l'on peut la voir, dans un très court extrait, interpréter le *Poème pour violon et orchestre* d'Ernest Chausson. Son regard ne lâche pas le chef, et elle joue, impériale, devant un orchestre entièrement masculin – comme le voulait l'époque.

Sa carrière explose en 1935, à Varsovie, pour la première édition du Concours international de violon Henryk Wieniawski. Ginette Neveu est sélectionnée parmi cent soixante candidatures. Âgée de 15 ans, elle se retrouve en compétition avec des pointures du violon comme le redoutable David

Oistrakh, 27 ans et une carrière déjà bien établie. En plus du programme imposé, la jeune musicienne choisit d'interpréter, comme pièce libre, *Tzigane* de Ravel. Une œuvre très difficile, indomptable même. Maurice Ravel l'a composée après avoir entendu le jeu enflammé et virtuose d'une violoniste hongroise, Jelly d'Arányi. En une dizaine de minutes, l'instrumentiste doit déployer avec son instrument une vigueur et une rapidité d'exécution éprouvantes. Il n'y a pas de droit à l'erreur et Ginette Neveu le sait. Elle monte sur scène, joue les œuvres imposées, dont une *Chaconne* de Bach qui impressionne le jury, mais c'est avec son interprétation de *Tzigane* qu'elle finit de convaincre. La jeune inconnue remporte le premier prix du concours, devant David Oistrakh. Ginette Neveu est admirée dans toute l'Europe, où elle fait des tournées avec certains des plus grands orchestres. Quand éclate la Seconde Guerre mondiale, elle décide de ne pas monter sur scène dans les pays occupés, et ne joue que des œuvres pour piano et violon avec son frère Jean.

Dès 1946, les tournées et enregistrements reprennent. Ginette Neveu grave des interprétations de légende. Outre son *Tzigane* de Ravel, elle sublime les concertos pour violon de Brahms, les sonates de Debussy (avec son frère au piano) et donne toute sa splendeur au concerto de Sibelius. Elle réalise l'enregistrement de ce chef-d'œuvre à la sortie de la guerre avec l'orchestre Philharmonia, dirigé par Walter Süsskind. Son jeu enflammé, son engagement et sa facilité à faire glisser les notes dans une justesse irréprochable font briller la musique du compositeur finlandais comme jamais. Pour elle, plus l'œuvre est difficile, exigeante et demande de jouer avec toute son âme, plus le résultat est réussi. Quand elle joue, sa vie en dépend. Mais le destin lui ôte trop tôt cette vitalité.

« J'aurais voyagé des milliers de kilomètres pour écouter la grande Ginette Neveu. »

Ginette Neveu, le 27 octobre 1949, prend un avion en direction des États-Unis où l'attend une tournée dans une vingtaine de villes. De l'autre côté de l'Atlantique, quelqu'un d'autre attend. C'est la chanteuse Édith Piaf qui s'impatiente de retrouver son amant, le boxeur Marcel Cerdan. Il n'arrivera jamais à destination, tout comme la violoniste, présente à bord du Lockheed Constellation qui s'écrase dans la nuit du 27 au 28 octobre sur une île des Açores, ne laissant aucun survivant. La disparition du sportif éclipse celle de Ginette Neveu, âgée de 30 ans, et de son frère pianiste. Elle reste cependant gravée dans la mémoire de la chanteuse Édith Piaf qui, quatre ans avant sa mort, écrit dans son autobiographie *Au bal de la chance* : « J'aurais voyagé des milliers de kilomètres pour écouter la grande Ginette Neveu. »

Le nom de la violoniste a aussi été effacé en raison du nombre insuffisant d'enregistrements qui restent d'elle. Il a fallu attendre 2019 et les célébrations autour de son centenaire pour qu'enfin son nom et son jeu brillent de nouveau dans les médias.

Si le XXe siècle accepte sans opposition des musiciennes de génie comme ces trois instrumentistes, il faudra encore de grands changements dans les mentalités pour tolérer des femmes à d'autres postes, notamment celui de cheffe d'orchestre.

Les Françaises à la baguette !

La bataille des pionnières pour la direction d'orchestre est un jeu sans fin. Si l'on remonte le cours de l'histoire, les premières sont les religieuses au Moyen Âge qui animent les messes et prières en musique dans les couvents. Puis il y a les quelques compositrices du XIXe siècle, comme Augusta Holmès, autrice de l'opéra *La Montagne noire*, ou la Britannique Ethel Smyth (on la recroisera plus loin), qui dirigent leurs propres œuvres. Au XXe siècle, la course est gagnée haut la main par Jane Evrard, car non seulement elle dirige son ensemble, mais elle assure la programmation, va dénicher des œuvres oubliées, porte le répertoire contemporain en accueillant des créations, veille à la cohérence de ses concerts, recrute et gère toutes ses musiciennes… Tout ce travail « à côté » des concerts fait partie intégrante du métier de cheffe d'orchestre.

L'orchestre a toujours eu besoin d'un chef. Mais longtemps ce rôle fut confié au compositeur de la pièce ou à un instrumentiste de l'ensemble, souvent violoniste ou claveciniste. Parfois le compositeur était lui-même derrière son instrument, et les simples mouvements de son corps permettaient de donner le rythme et les impulsions. D'autres fois – surtout pendant la période baroque – le tempo était donné par un large bâton que l'on frappait au sol. Le compositeur Jean-Baptiste Lully (toujours lui !) en a fait les frais. Lors d'un concert, il s'enfonce le bâton dans le pied. La blessure lui coûtera la vie puisqu'il mourra d'une gangrène quelques jours plus tard.

Ce n'est toutefois pas en réponse à cet épisode tragique que le bâton a été remplacé par une fine baguette. Le rôle du chef a évolué avec l'agrandissement des orchestres. Plus les effectifs étaient importants, plus il était difficile pour les instrumentistes du fond de bien voir le leader donner le tempo et les intentions. L'époque romantique a donc mis le chef d'orchestre sur un podium, dans tous les sens du terme. Cette fonction, devenue essentielle, est plutôt occupée par le compositeur : Gustav Mahler, Felix Mendelssohn, Ludwig van Beethoven étaient aussi des chefs d'orchestre. Au XXe siècle, le compositeur passe au second plan. Ce sont ceux qui dirigent les œuvres qui prennent toute la lumière car on attend d'eux (puis d'elles) qu'ils insufflent dans la musique un point de vue, une intention musicale. Une même œuvre dirigée par dix chefs différents ne sonne pas de la même manière. On cherche alors à distinguer la plus belle version. Or qui donne le *la* parmi toutes ces interprétations ? Outre le hautbois, c'est bien le chef d'orchestre. Celui qui parvient à transcender l'œuvre d'un compositeur mort depuis un siècle devient une star. C'est la grande époque des

Herbert von Karajan, Arturo Toscanini et Claudio Abbado.

Une qui n'utilisait pas du tout de baguette, c'est Nadia Boulanger. Sobre, tout en noir, sans maquillage et sans bijoux, elle fait ses débuts en 1912 dans un concert où elle dirige ses propres œuvres. Puis elle développe sa carrière pendant la guerre, surtout outre-Atlantique avec les grands orchestres américains comme ceux de Philadelphie, New York ou Boston... On retrouve parfois le nom d'Antonia Brico comme étant une des premières cheffes d'orchestre à la carrière internationale, mais cette cheffe américaine a commencé presque dix ans après Nadia Boulanger !

Les cheffes semblent se partager entre celles qui font tout pour s'effacer au service de la musique, à l'image d'une Nadia Boulanger, et celles qui veulent briller et faire briller la musique, à l'image d'une Jane Evrard qui assume le côté glamour de son rôle : « Je me souviens d'une question posée par la presse lors de mes débuts, raconte-t-elle dans ses Mémoires (*Regards sur mon passé*), quelle doit être la tenue d'une femme au pupitre ? Serait-elle en costume un peu plus masculin ? Ou aurait-elle le dos nu ? Question vite résolue pour moi, n'ayant nullement éprouvé le besoin de me munir d'attributs masculins, essayant seulement de conserver la féminité dans la simplicité. »

« Quelle doit être la tenue d'une femme au pupitre ? Question vite résolue pour moi, n'ayant nullement éprouvé le besoin de me munir d'attributs masculins. »

Avant de monter sur le podium, Jane Evrard jouait dans la fosse de l'orchestre. On la retrouve le 29 mai 1913, jour où le public parisien, dans le tout nouveau théâtre des Champs-Élysées, découvre le ballet d'Igor Stravinsky *Le Sacre du printemps*, sur une chorégraphie de Vaslav Nijinski. La troupe des Ballets russes de Serge de Diaghilev s'installe derrière le rideau. Sur le podium, derrière sa large moustache, Pierre Monteux lève sa baguette. Un solo de basson vient rompre le silence. À quelques mètres du bassoniste se tient Jeanne Poulet. Elle et son mari ont été appelés par le chef d'orchestre pour garnir les rangs des violons. Ce soir-là, la violoniste assiste à l'un des plus grands scandales de la musique classique. Dès les premières mesures, le public s'agite, s'interroge et se braque. Les danseurs et danseuses se mettent en mouvement, l'orchestre plaque les accords dissonants de la première danse, et la salle explose. Certains sortent bruyamment, d'autres hurlent en direction de la scène où, désemparée, la troupe de Diaghilev tente de poursuivre sans parvenir à entendre ce que joue l'orchestre. Les corps courbés des danseurs frappent le sol au rythme de cette musique perçue comme primitive. Le chef poursuit tant bien que mal dans le tumulte.

La violoniste a 20 ans. Elle vient d'épouser Gaston Poulet, qu'elle a rencontré lors de ses études au Conservatoire de Paris. Sa carrière artistique débute doucement. Son mari l'appellera parfois pour remplacer le deuxième violon du quatuor qu'il a fondé en 1914, mais c'est surtout en tant qu'enseignante et organisatrice de petits concerts de musique de chambre amateurs qu'elle se fait un nom. Au cours des années 1920, elle se lance dans le cinéma, joue dans plusieurs films et adopte alors un pseudonyme : Jane Evrard. Sa vie professionnelle démarre, mais sa vie personnelle éclate. Deux enfants plus tard, le couple divorce.

La séparation va lui rendre son nom de jeune fille, Jeanne Chevallier, et lui donner des ailes. Appuyée par le critique musical Émile Vuillermoz, elle se lance comme cheffe d'orchestre. Elle rassemble quelques élèves et amateurs et organise un premier concert en 1930 à Paris. Sur l'affiche, son nom est inscrit en grandes lettres : Jane Evrard. Elle a gardé son pseudonyme de cinéma, à la fois pour marquer une rupture avec sa vie de jeune mariée, mais aussi par stratégie commerciale. Et ça fonctionne ! La critique s'enthousiasme et la jeune cheffe décide quelques mois plus tard de créer son propre ensemble, l'Orchestre féminin de Paris.

Dans cet orchestre, les instrumentistes sont toutes des femmes. Très vite, Jane Evrard constate qu'il sera difficile de constituer un orchestre symphonique au complet car il faut entre soixante et quatre-vingts membres. En ce début de xxe siècle, il est encore très rare de trouver des femmes qui jouent d'un instrument à vent, excepté quelques flûtistes – et pour les cuivres et percussions, c'est mission impossible… Ce sera donc un ensemble de cordes : violons, altos, violoncelles et contrebasses (il n'y aura qu'une seule candidate pour la contrebasse). La cheffe sélectionne vingt-cinq profils, étudiantes ou collègues, et l'Orchestre féminin de Paris devient rapidement une référence dans le milieu musical parisien, puis français et européen.

Jane Evrard frappe fort : non seulement elle attire le public avec cet ensemble cent pour cent féminin, mais elle propose un répertoire exigeant et original. L'orchestre joue aussi bien des œuvres anciennes (Michel Blavet, Claude Gervaise, Jean-Baptiste Lully, Henry Purcell, Jean-Marie Leclair) que du répertoire contemporain (Darius Milhaud, Arthur Honegger, Maurice Jaubert, Henry Barraud, Jean Rivier, Maurice Ravel, Florent Schmitt ou Albert Roussel). Pour la musique baroque, Jane Evrard fait même revivre certaines pièces oubliées, comme la *Troisième leçon de ténèbres* de François Couperin. « Une œuvre pire qu'inconnue. Œuvre morte. Pire que morte. Oubliée. Ce sera l'honneur de Jane Evrard et de son Orchestre féminin de Paris de l'avoir sauvée de cet oubli, de cette mort », s'enthousiasme un journaliste dans *La Revue musicale*. Le compositeur belge Arthur Hoérée, lui, salue le travail de Jane Evrard par ces mots : « Se servir de la musique et servir la musique. Deux attitudes, deux buts distincts. D'un côté, les programmes stéréotypés, les œuvres à effet, le "panache" d'une exécution extérieure entraînant à coups de succès. De l'autre côté, le désir d'instruire le public par des œuvres inconnues ou méconnues, une exécution fidèle, visant à la perfection et non inféodée au succès personnel. L'Orchestre féminin et son chef, Jane Evrard, tant par la qualité des programmes et le fini de l'interprétation, [...] servent la musique avec un zèle, une noblesse, un désintéressement qui dictent le respect et l'admiration. »

Le compositeur Albert Roussel crée pour l'orchestre une *Sinfonietta*, œuvre tellement applaudie le jour de la création que l'Orchestre féminin la rejouera en entier. Avec une femme à la tête d'un ensemble de musiciennes, on aurait pu imaginer des programmations avec davantage d'œuvres de compositrices. Apparaissent parfois au programme les pièces de la claveciniste et pianiste suisse

Marguerite Roesgen-Champion et celles d'Yvonne Desportes (qui remporte le Premier Grand Prix de Rome en 1932). Cependant, sur le plan des instrumentistes, l'orchestre semble très rarement déroger à la règle de la non-mixité. L'ensemble fait appel à des solistes renommées : on retrouve Ginette Neveu au violon, Wanda Landowska au clavecin, Lily Laskine à la harpe ou encore Geneviève Martinet au violoncelle – un casting de rêve qui complète cet ensemble de haut niveau.

Passé les commentaires sur la tenue des instrumentistes et les « beaux bras, musclés et souples » de la cheffe, la critique loue la sonorité, l'homogénéité et l'équilibre parfait de cet orchestre hors du commun. Quant à la direction, elle est « sobre et élégante », Jane Evrard « domine à la perfection son orchestre et les œuvres qu'elle interprète », selon un journaliste espagnol qui écrit dans *La Publicité* après un concert donné à Barcelone en 1933.

La Seconde Guerre mondiale va compromettre l'existence de l'Orchestre féminin de Paris. Dans un premier temps, Jane Evrard se tourne vers des projets socio-éducatifs menés par la Jeune France, une association récupérée par le gouvernement de Vichy à partir de décembre 1940 et vivement critiquée pour son collaborationnisme. Jeune France propose aux jeunes un accès à la culture et à la création. L'Orchestre féminin de Paris va donc jouer dans des centres de jeunesse pour « faire comprendre et faire aimer la musique à des jeunes gens et des jeunes filles de 14 à 20 ans », selon les mots de Jane Evrard. Ces actions visent plus particulièrement un public féminin, que ce soient des étudiantes ou des femmes sans emploi. De Belleville à Gennevilliers en passant par Versailles, l'orchestre de Jane Evrard donne en tout près de cinquante concerts dans ces centres éducatifs avant de se trouver un nouveau public au sein du milieu ouvrier. « Fatigués par une longue journée de labeur, ils peuvent difficilement aller à la musique, aussi la musique doit-elle les rejoindre sur le lieu même de leur travail quotidien », estime la cheffe d'orchestre. La guerre se prolonge. L'activité musicale se maintient tant bien que mal, mais les rangs des orchestres masculins se clairsèment. Et quel meilleur vivier que les musiciennes de Jane Evrard pour combler ces absences ? Elles vont donc enfin se mettre à jouer parmi les hommes, mais délaissent leur formation initiale : en 1942, l'Orchestre féminin de Paris donne son dernier concert.

La guerre redistribue les cartes des rapports entre femmes et hommes au sein de l'orchestre, mais le monde musical met du temps (beaucoup de temps) avant d'accepter les cheffes d'orchestre. Le phénomène d'oubli (qui s'exerce aussi sur les compositrices, on le verra plus loin) invisibilise les premières cheffes, et toutes les femmes qui, aujourd'hui, montent sur le podium ont le sentiment, au début de leur carrière, d'être des pionnières, et pas toujours les bienvenues... En 2013, le chef d'orchestre russe Vasily Petrenko affirme que l'orchestre « réagit mieux quand il a en face de lui un homme », notamment parce qu'« une femme sur le podium déconcentrerait les musiciens ». Un an plus tard, un autre chef, Jorma Panula, déclare : « Ce n'est pas un problème si elles choisissent les bonnes œuvres, si elles choisissent de la musique féminine. Bruckner ou Stravinsky, ça ne va pas le faire, mais Debussy pourquoi pas. C'est une question purement biologique. » Ces femmes sur les podiums ne sont pas « la tasse de thé » du chef letton Mariss Jansons qui, en 2017 dans une interview, affirme qu'il n'est « pas contre », mais qu'il a « grandi dans un monde différent ». Un monde d'hommes.

Certaines ont été si fatiguées, non pas de diriger mais de lutter, qu'elles ont fait le choix, presque un siècle après la fondation de l'Orchestre féminin de Paris, de créer, elles aussi, leurs propres ensembles. Ce fut le cas en France de Claire Gibault et de son Paris Mozart Orchestra, créé en 2011, ou de Laurence Equilbey et de son Insula Orchestra, en 2012. Il y a bien des initiatives, comme le concours La Maestra initié par Claire Gibault et destiné aux jeunes cheffes d'orchestre, mais en France on compte encore les premières fois. En décembre 2020, Debora Waldman est nommée à la tête de l'Orchestre national Avignon-Provence : elle est la première femme à devenir directrice musicale d'un orchestre national français. Quant à la Vénézuélienne Glass Marcano, repérée grâce au concours La Maestra, lorsqu'elle vient diriger l'ensemble Le Balcon puis l'Orchestre symphonique Région Centre-Val de Loire, elle est la première cheffe d'orchestre noire à se produire en France.

Si les femmes peinent encore à accéder aux postes à responsabilités, à prendre la tête des institutions, à être jouées ou à simplement être représentées sur les scènes, le chemin pour les femmes racisées est encore plus long. Encore aujourd'hui, les accusations de discrimination sont balayées par l'existence d'exceptions : souvent des chanteuses noires, quasiment toutes américaines.

Un long chemin pour les chanteuses noires

En février 2021, Alexander Neef, fraîchement nommé à la tête de l'Opéra de Paris, annonce « l'arrêt de la pratique très contestable du *blackface* et du maquillage des rôles stéréotypés sur l'ensemble des productions ». La décision met un terme à un phénomène répandu à l'opéra : le maquillage des chanteurs et des chanteuses pour interpréter certains personnages, qu'ils soient noirs, asiatiques ou arabes. Le mot *blackface* renvoie à une pratique raciste du XIXe siècle qui consistait à se maquiller en Noirs pour faire rire à leurs dépens. Ce mot concerne surtout les États-Unis, mais la caricature raciste par le maquillage est une réalité répandue en Europe, sur scène ou au cinéma. Dans les œuvres lyriques, des personnages continuent d'être représentés de façon outrancièrement « exotique », comme le général maure Otello dans l'opéra homonyme de Giuseppe Verdi, ou Madame Butterfly, l'héroïne japonaise du drame de Giacomo Puccini, ou encore Aïda, esclave éthiopienne dans un autre opéra de Verdi. À la question « Pourquoi ne pas embaucher des artistes ressemblant à ces personnages ? » on répond souvent que les castings ne se font pas en fonction de la couleur de peau, ou tout simplement (et plus pratique) qu'il n'y en a pas, ou pas assez. Le constat a de quoi inquiéter quand on sait que cela fait presque deux siècles que les chanteuses noires – et, dans une moindre mesure, les chanteurs noirs – illuminent les scènes lyriques, surtout outre-Atlantique.

Jusqu'ici, l'histoire des femmes dans la musique s'est racontée essentiellement dans les pays européens. Passer par les États-Unis nous permet d'y observer la montée de la scène musicale classique au XIXe siècle et de souligner un paradoxe, celui d'un pays où sévit une ségrégation raciale violente mais où l'on trouve la majorité des chanteuses noires qui ont bouleversé la scène lyrique.

L'une des pionnières, Elizabeth Greenfield, naît et grandit esclave dans le Mississippi dans les années 1810 (sa date de naissance exacte n'est pas connue). Au début des années 1820, sa maîtresse divorce et emmène ses esclaves à Philadelphie où elle les libère. C'est dans cette ville qu'elle apprend la musique, d'abord en autodidacte, puis en suivant les leçons d'une voisine, Miss Price. Son apprentissage se fait en secret car celle qui l'a libérée (et chez qui elle vit toujours), Mrs Holliday Greenfield, est une quakeresse, membre d'un mouvement religieux protestant qui prône le culte du silence. Un jour, Miss Price organise un petit concert chez elle. En entendant la voix d'Elizabeth, Mrs Greenfield décide de l'encourager : elle lui paie des cours de musique, organise des concerts privés et lui lègue une partie de son héritage. C'est en souvenir de cette femme qu'Elizabeth Greenfield décide de garder son nom.

Six ans après la mort de Mrs Greenfield, en 1851, la chanteuse fait ses débuts à Buffalo, à l'ouest de New York. Devant un public blanc, elle interprète un répertoire classique avec des airs de Bellini, Donizetti ou Haendel... La presse la surnomme « Black Swan », le Cygne Noir. Sa voix peut aller du très grave au très aigu (elle couvre trois octaves) avec une puissance époustouflante. Elle atteint des notes plus hautes encore que celles chantées par sa grande concurrente, Jenny Lind. Surnommée « le Rossignol Suédois », cette cantatrice applaudie sur toutes les scènes européennes débarque aux États-Unis dans les années 1850 pour une série de quatre-vingt-treize représentations. Elizabeth Greenfield s'inspire-t-elle de sa consœur ? Elle ajoute à ses récitals plusieurs airs réputés pour être les tubes de la chanteuse suédoise, et organise une tournée en Europe, épaulée par l'écrivaine abolitionniste et féministe Harriet Beecher Stowe. Signe d'une haute reconnaissance, la chanteuse afro-américaine est appelée pour donner un récital à Buckingham Palace, sur invitation de la reine Victoria.

Mais derrière ce succès, sa vie d'artiste se heurte au racisme. Peu avant sa tournée européenne, Elizabeth Greenfield chante au Metropolitan Hall de New York, immense salle pouvant accueillir quatre mille personnes. Dans le public, « aucune personne de couleur n'est admise, cette salle ne comportant pas de lieu adapté », peut-on lire sur l'encart publicitaire dans la presse. Aucune, pas même sur scène : après des menaces d'incendie, la police est appelée pour renforcer la sécurité du concert. N'ayant pu chanter auprès du public noir, Elizabeth Greenfield lui présente ses excuses et s'engage. Elle donne des représentations au profit d'orphelinats et de maisons de retraite pour personnes noires, et fonde un ensemble, la Black Swan Opera Troupe, pour aider les artistes noirs à se produire dans les opéras. Après des années de concerts et d'enseignement, elle s'éteint en 1876.

Presque un demi-siècle après sa mort, son nom est encore cité dans la presse, comme en témoigne un article de *The Crisis* en 1921 : « Le Cygne Noir a souvent été comparé à Jenny Lind et si elle n'avait pas été noire, elle aurait facilement pu devenir l'une des plus grandes chanteuses de son vivant. » Cette même année, le label discographique Black Swan Record est fondé en mémoire de la chanteuse. Destiné à un public noir, il est aussi géré et financé par des personnes de la communauté afro-américaine.

La mort d'Elizabeth Greenfield correspond à un durcissement des mesures prises contre les populations noires aux États-Unis. Tandis que différents amendements de la Constitution américaine, votés après la guerre de Sécession (1861-1865), accordent aux populations noires le droit de vote et la citoyenneté, le Sud du pays adopte, à partir de 1877, les lois dites « Jim Crow », qui séparent strictement Blancs et Noirs. Le principe du *separate but equal* (séparés mais égaux) gagne de l'ampleur. Les populations noire et blanche ne prennent pas les mêmes transports, ne vont pas dans les mêmes hôpitaux, restaurants, bars, toilettes ou salles de concert.

La ségrégation raciale empêche les carrières des quelques chanteuses noires qui osent donner dans le registre lyrique. À la fin du XIXe siècle, certaines parviennent quand même à se faire un nom, comme la soprano Marie Selika Williams, première à chanter à la Maison-Blanche en 1878, ou Mamie Flower, surnommée Bronze Melba en référence à la chanteuse australienne Nellie Melba (dont le nom a inspiré la pêche Melba). De cette génération, on retrouve aussi Flora Batson, la « Jenny Lind de couleur », et Sissieretta Jones, première femme noire à fouler la scène du Carnegie Hall de New York, temple de la musique classique. Cette dernière est surnommée The Black Patti, en référence à une autre chanteuse blanche, Adelina Patti (une Franco-Italienne très célèbre au XIXe siècle). La systématisation du surnom soulignant la couleur de peau de l'interprète creuse un fossé entre chanteuses blanches et chanteuses noires, ces dernières ne pouvant exister qu'en reflet des premières.

Mais un événement historique ébranle ces lois ségrégationnistes le 9 avril 1939. La cantatrice Marian Anderson a alors 42 ans. Vingt ans auparavant, elle se faisait refuser l'accès à une école de musique de

Philadelphie en raison de sa couleur de peau. Après avoir remporté des concours de chant et commencé une carrière prometteuse, la voilà à nouveau mise au ban. Son concert au Constitution Hall de Washington est annulé par les Filles de la révolution américaine, organisation à l'origine de la création de cette salle dédiée à leur convention annuelle. Les membres, très patriotes, doivent avoir un lien généalogique direct avec des personnes ayant participé à l'indépendance des États-Unis. Leur devise ? « Dieu, foyer et patrie ». Patriotes donc, et racistes, puisque les Filles de la révolution américaine refusent qu'une femme noire chante dans *leur* salle.

Mais la contralto reçoit un soutien précieux. Eleanor Roosevelt, la première dame des États-Unis, est aussi « première dame » des Filles de la révolution américaine. Elle démissionne de l'organisation et propose à Anderson de chanter en plein air, sur le parvis du Lincoln Memorial, ce qui est sans commune mesure avec un concert dans une salle, même grande. Marian Anderson va donner son récital devant une foule de soixante-quinze mille personnes. Le secrétaire à l'Intérieur prend la parole : « Le génie n'a pas de couleur. » La cantatrice s'avance devant la dizaine de micros. Elle ferme les yeux et, de sa voix profonde et grave, entonne les premières notes du chant patriotique *America*. Son concert durera une heure et demie, et y figureront à la fois l'*Ave Maria* de Schubert,

O mio Fernando, un air d'opéra extrait de *La Favorite* de Donizetti, mais aussi quelques negro spirituals comme *The Gospel Train* ou *Trampin*. La foule, enfin mélangée, acclame la chanteuse venue montrer aux États-Unis et au monde entier que non, la musique ne devrait pas avoir de couleur. Vingt-quatre ans plus tard, la voix d'un homme sera applaudie longuement par une foule gigantesque à cet endroit : Martin Luther King prononce en 1963 devant le Lincoln Memorial son célèbre discours « I have a dream ».

Ce jour-là, le militant devait être introduit par le chant de Marian Anderson. Elle est pour lui une source d'inspiration et sa voix a bercé son enfance. C'est finalement Camilla Williams qui chante l'hymne national américain avant que Martin Luther King prenne la parole. Sa voix est plus aiguë que celle de Marian Anderson, mais tout aussi chaude et puissante. La soprano va être la première Noire américaine à signer un contrat avec une maison d'opéra à New York. Le monde lyrique ouvre en effet doucement ses portes aux chanteuses noires. D'abord le Metropolitan Opera, avec un second rôle, celui d'Ulrica, donné à Marian Anderson en 1955 dans *Un bal masqué* de Giuseppe Verdi. Puis en Europe, la Scala de Milan fait venir, en 1955, et sur la demande du grand chef d'orchestre Herbert von Karajan, la chanteuse afro-américaine Mattiwilda Dobbs pour le rôle d'Elvira dans *L'Italienne à Alger* de Rossini.

Carmen, Didon, Vénus, Mimi... Petit à petit, les chanteuses noires se voient proposer les plus grands personnages du monde de l'opéra, obtiennent les premiers rôles et deviennent, pour certaines, des stars.

Comment toutes les citer sans en oublier ? Il y a eu des divas internationales et des carrières plus discrètes. Les classements renforcent l'idée que toutes ces femmes seraient des rivales et qu'il faut mettre au panthéon certaines en oubliant les autres. Alors parlons des voix, pas des carrières. D'abord, il y a celle de Jessye Norman, décédée en 2019. Sa voix de soprano dramatique, la plus grave dans cette famille de timbres aigus, est puissante, profonde et bouleversante, notamment quand elle interprète la lamentation de Didon, *When I Am Laid in Earth*, dans l'opéra de Henry Purcell *Didon et Énée*. Il faut l'entendre entonner cet air tout en retenue, presque dans un murmure, et finir par une explosion de douleur, « Remember me, but ah ! Forget my fate » (« Souviens-toi de moi, mais ah ! oublie mon destin »), avant de laisser l'orchestre accompagner la mort de la reine de Carthage. Jessye Norman rappelle souvent dans ses interviews que, petite fille, des chanteuses comme Leontyne Price ou Marian Anderson ont été ses modèles. Quelques années avant sa mort, en 2014, elle souligne dans le *Times* que les « barrières raciales dans le monde n'ont pas disparu ». Et de conclure, amère mais réaliste : « Comment peut-on alors imaginer que les barrières raciales dans le monde de la musique classique et de l'opéra aient disparu ? »

« Les barrières raciales dans le monde n'ont pas disparu. Comment peut-on alors imaginer que les barrières raciales dans le monde de la musique classique et de l'opéra aient disparu ? »

Une autre chanteuse afro-américaine a magistralement interprété le rôle de Didon, mais dans un autre opéra, celui de Berlioz. À New York, en 1973, le public du Metropolitan Opera attend impatiemment la production des *Troyens* avec, dans le rôle de la reine carthaginoise, la cantatrice allemande Christa Ludwig. Problème, cette dernière ne peut plus assurer sa présence. Il faut d'urgence trouver une mezzo-soprano ! Dans les coulisses, la jeune Shirley Verrett est en train de répéter son personnage de Cassandre. On vient la voir et lui demande l'impossible : interpréter les deux rôles, celui de Cassandre et celui de Didon. La chanteuse accepte et conquiert sa renommée par cette prouesse, mais c'est par sa voix qu'elle entre dans la légende. Avec une facilité déconcertante et une agilité qui lui permet d'accélérer, tenir ses notes et passer du léger au dramatique, elle s'attaque aux plus grands rôles comme celui de Lady Macbeth dans l'opéra de Verdi, personnage réputé pour avoir été incarné par l'indétrônable Maria Callas, ce qui lui vaudra le surnom de la « Callas Noire » (en un siècle, on ne perd pas les mauvaises habitudes). Sur scène, on peut aussi admirer son jeu théâtral, elle vit les scènes qu'elle chante avec une palette d'expressions qui accompagnent à la perfection la dramaturgie.

Un peu moins théâtrale dans son jeu, mais tout aussi bouleversante, Leontyne Price a suscité un engouement que l'on réserve à quelques divas seulement. Sa voix de soprano lirico-spinto, c'est-à-dire capable de se faire entendre malgré un important effectif d'orchestre, a fait le tour du monde, notamment en tant qu'Aïda : un rôle exigeant, qui demande une belle endurance. Lorsqu'elle fait ses adieux à sa patrie dans l'air mélancolique *O patria mia*, il faut repérer la pureté de ses aigus, la perfection de ses graves et ce ton velouté dans la voix, comme si du miel se mêlait à chaque note qui sort de sa gorge. Plus légère, mais ayant su charmer le public le plus exigeant qui soit – celui de Vienne –, la voix de Kathleen Battle a été repérée par Herbert von Karajan. Le chef superstar lui propose en 1987 de se joindre à lui pour le traditionnel concert du nouvel an viennois. Ce sera pour lui son unique apparition au podium de cet événement, et surtout la première fois qu'une chanteuse est invitée à participer à cette grand-messe de la musique classique. En une petite dizaine de minutes, la voix de Kathleen Battle s'emporte dans une valse de Johann Strauss fils, laissant éclore toutes ses possibilités de légèreté, de trilles et de virtuosité. Le moment enchanteur est largement salué par le public.

Toutes les chanteuses citées sont américaines. Où sont les artistes lyriques noires européennes ? La seule connue en France au XXe siècle s'appelle Christiane Eda-Pierre. Soprano née à Fort-de-France, en Martinique, elle a connu une carrière à la hauteur des plus grandes cantatrices de son temps. Elle pouvait chanter du répertoire baroque aux musiques contemporaines, en passant par des rôles d'opéra parmi les plus intransigeants. Sa mort en 2020 a provoqué un élan de louanges mais aussi stupéfié le grand public, qui découvrait que la France comptait une chanteuse noire à la carrière internationale et au talent inouï – c'est le cas de le dire. Elle a quitté la scène en 1985 avec une dernière production, *La Clémence de Titus* de Mozart, un de ses compositeurs préférés. La chanteuse a ensuite continué la musique en enseignant. Professeure à la Schola Cantorum et au Conservatoire de Paris, elle a donné des cours jusqu'en 1997, avant de prendre définitivement sa retraite et de se faire discrète, jusqu'à son décès. Elle est devenue, ainsi que toutes celles citées plus haut, un modèle pour les jeunes artistes noires, à l'image de Marie-Laure

Garnier, qui a remporté la révélation artiste lyrique lors des Victoires de la musique classique en 2021, ou encore d'Axelle Fanyo. Cette dernière, soprano, raconte avoir vu une vidéo de Jessye Norman chantant *La Marseillaise* devant la Bastille, à l'occasion du bicentenaire de la Révolution française : « C'est vraiment elle qui m'a permis de me dire : moi, Axelle Fanyo, femme noire, je peux faire de l'opéra. »

« C'est vraiment
Jessye Norman
qui m'a permis de me dire :
moi, Axelle Fanyo,
femme noire, je peux faire
de l'opéra. »

Commencent à émerger des instrumentistes noires, comme la pianiste britannique Isata Kanneh-Mason. Après avoir enregistré avec brio les œuvres de Clara Schumann en 2019, elle s'attaque à George Gershwin, Amy Beach (une compositrice américaine), Samuel Barber ou encore Samuel Coleridge-Taylor, un compositeur afro-américain. Ces choix artistiques loin d'être anodins permettent d'ouvrir la musique classique à un répertoire bien plus large que celui porté depuis des siècles, blanc et masculin.

Playlist 5

Lili Boulanger, *Pie Jesu*

Nadia Boulanger, *Trois pièces pour violoncelle et piano*

Clara Haskil interprète *Sonate pour piano n° 17* de Ludwig van Beethoven

Jacqueline Du Pré interprète *Concerto pour violoncelle* d'Edward Elgar

Ginette Neveu interprète *Tzigane* de Maurice Ravel

Igor Stravinsky, *Le Sacre du printemps*

François Couperin, *Troisième leçon de ténèbres* (pièce redécouverte par Jane Evrard)

Jessye Norman interprète « When I Am Laid on Earth », air extrait de *Didon et Énée* de Henry Purcell

Christiane Eda-Pierre interprète *Vous soupirez, Madame / Nuit paisible* d'Hector Berlioz

Isata Kanneh-Mason interprète *Deep River* de Samuel Coleridge-Taylor

Florence Price (compositrice afro-américaine, 1887-1953), *Symphonie n° 1*

6

LES DÉGÂTS DU XXe SIÈCLE

L'espoir donné aux femmes, qui ont cru pouvoir enfin devenir des musiciennes « comme les hommes », diminue drastiquement dans la seconde moitié du xxe siècle. Le monde musical entre dans la période appelée contemporaine, dominée par des courants très arrêtés sur les règles de composition et les esthétiques : soit on y adhère, soit on avance seul. Un parcours difficile pour les hommes, une mission quasiment impossible pour les femmes. De l'autre côté de la partition, les orchestres redevenus masculins grincent des dents à l'idée d'ouvrir leurs rangs aux musiciennes. À partir des années 1950, les femmes doivent donc à nouveau se battre pour exister et faire émerger de nouvelles pionnières.

La conquête des musiciennes d'orchestre

« Des musiciennes pour Vienne. L'orchestre philharmonique autrichien sera enfin mixte. » Le 28 février 1997, *Libération* annonce une nouvelle historique avec un vocabulaire digne d'une victoire militaire : « Le dernier bastion masculin du monde musical est tombé hier, quand les quelque 150 membres de l'orchestre philharmonique de Vienne ont consenti à accueillir des femmes dans leurs rangs à l'issue d'une assemblée générale. »

En l'occurrence, c'est surtout une femme qui remporte la bataille : la harpiste Anna Lelkes. Après plus de vingt ans au sein de cet ensemble, sans jamais être mentionnée dans les programmes ni apparaître à l'écran lors des retransmissions télévisées (les techniciens avaient pour ordre de ne filmer que ses mains), la musicienne devient officiellement membre des Wiener Philharmoniker, surnom donné aux instrumentistes de l'orchestre. L'institution viennoise représente le cas le plus extrême de l'exclusion des femmes. Un an avant cette ouverture, le flûtiste de l'orchestre déclarait dans une interview : « La façon dont nous jouons de la musique n'est pas qu'une question d'habileté, de technique, c'est aussi quelque chose qui a à voir avec l'âme. L'âme ne doit pas être séparée des racines culturelles que nous avons ici en Europe centrale. Et elle ne doit pas non plus être séparée du genre. »

Ce que ce musicien exprime à mots à peine couverts, c'est que l'orchestre doit rester un lieu pour les hommes, et les hommes blancs en particulier. Cet entre-soi, même s'il n'est plus aussi ouvertement revendiqué, met du temps à s'effacer. Peu d'orchestres aujourd'hui dans le monde peuvent se féliciter de compter plus de femmes que d'hommes dans leurs rangs. En France, la dernière étude, qui remonte à 2018, estime à 36 % la proportion de musiciennes sur plus d'une trentaine d'orchestres analysés. L'évolution la plus significative s'observe aux États-Unis, après l'instauration d'auditions à l'aveugle à partir des années 1970. Des paravents sont installés lors des auditions pour que le jury ne sache pas qui joue. Dans les cinq orchestres les plus prestigieux du pays, la part des musiciennes passe en vingt ans de 6 % à 21 % dans les années 1990. En France aussi les paravents sont utilisés, mais souvent retirés dès le deuxième tour, ou au moins lors de la dernière audition pour que le jury puisse apprécier la présence scénique du candidat ou de la candidate.

Comment en est-on arrivé là ? Le monde musical a-t-il oublié les orchestres entièrement féminins du début du siècle dernier ? Et la présence de musiciennes dans les différentes cours d'Europe deux cents ans auparavant ? Pour la musicologue Florence Launay, une crispation se produit à la fin du

XIXe siècle face à l'affluence de musiciennes dans les conservatoires. Cette concurrence effraie les hommes qui craignent alors de ne plus trouver de place dans les orchestres à l'issue de leurs études. En 1904, une décision ministérielle est votée en accord avec le conseil supérieur de l'enseignement du Conservatoire de Paris : chaque classe pour instruments à cordes ne pourra accueillir que quatre femmes, au maximum, sur douze élèves. En réaction, le Groupe français d'études féministes, fondé par la suffragette Jeanne Oddo-Deflou en 1898, écrit au ministre de l'Instruction publique et des Beaux-Arts : « Nous payons les impôts dont s'alimente le budget des Beaux-Arts. On n'a jamais songé à limiter le nombre des femmes contribuables. Puisque nous avons autant de place que les hommes sur les rôles du percepteur, nous devons en avoir autant sur les bancs du Conservatoire. »

« On n'a jamais songé à limiter le nombre des femmes contribuables. Puisque nous avons autant de place que les hommes sur les rôles du percepteur, nous devons en avoir autant sur les bancs du Conservatoire. »

La réponse du journaliste et critique Arthur Pougin dans *Le Ménestrel* est éclairante. Il avance que « la femme ne saurait acquérir la même vigueur physique » et que « la puissance de sonorité laissera toujours à désirer », des raisons physiologiques reposant donc sur le mythe du sexe fort opposé au sexe faible.

On retrouve ces arguments une dizaine d'années plus tard. En 1914, la journaliste Mathilde Daubresse publie *Le Musicien dans la société moderne* qui, comme son titre ne l'indique pas, comporte une étude sur la carrière des musiciennes. Dans un chapitre, elle interroge des hommes influents du monde musical sur la présence de femmes dans un orchestre. Tous confirment qu'elles ont les capacités artistiques pour être aussi bonnes instrumentistes que les hommes (ouf), mais certains estiment le métier trop difficile pour elles. Le compositeur et chef d'orchestre Paul Vidal pense par exemple au transport de la harpe et avance que « ce ne serait pas pratique », ajoutant que le métier est déjà « très dur » pour les hommes, donc « comment les femmes y résisteraient-elles » ? Le directeur de l'Opéra, André Messager, renchérit sur « l'effort demandé [...] si considérable qu'il est au-dessus, malgré tout son courage, de l'endurance d'une femme ».

Ces deux hommes font référence au métier de musicien lié à leur institution, l'Opéra de Paris. Des concerts et productions y sont donnés tous les soirs, jusqu'à minuit environ, or « l'exécution nécessite, de la part de l'artiste, une dépense musculaire et une dépense nerveuse que ne peut fournir l'organisme féminin, plus délicat, moins résistant, c'est incontestable, que celui d'un homme », ajoute André Messager. Pour eux, les musiciennes peuvent tout à fait rejoindre les rangs des sociétés de concert – des orchestres parisiens de renom (Colonne, Pasdeloup, Lamoureux ou les Concerts du Conservatoire) qui jouent plutôt en journée le week-end –, mais assurer les concerts du soir à l'Opéra ou dans les grands théâtres de la ville, c'est peine perdue. Seul le compositeur Vincent d'Indy, lui aussi interrogé par la journaliste, se range du côté des progressistes et estime que les femmes ont toute leur place dans les orchestres, quels qu'ils soient, et qu'elles doivent être payées au même titre que les hommes.

Le débat semble donc vif en ce début de siècle. Les femmes n'ont pas d'autre choix que de se battre. Certaines contournent le problème et créent leurs propres ensembles, comme on l'a vu un peu plus haut. En France, l'Orchestre féminin de Paris de Jane Evrard voit le jour, mais d'autres pays se dotent de formations réservées aux musiciennes : l'Angleterre crée un British Women's Symphony Orchestra en 1922, fondé et dirigé par la violoniste et cheffe d'orchestre Grace Burrows. Aux États-Unis, on compte plusieurs ensembles, comme le Boston Women's Symphony, le Woman's

Symphony Orchestra of Chicago, le Grey Ladies' Orchestra, le Grosvenor Ladies' Quintette ou encore l'Orchestrette Classique, un orchestre de chambre fondé à New York en 1932 par la violoniste et cheffe d'orchestre (d'origine belge) Frédérique Petrides. En Allemagne, Mary Wurm – une élève de Clara Schumann – crée en 1898 le premier orchestre professionnel composé uniquement de femmes. Enfin, la Canadienne Ethel Stark fonde la Symphonie féminine de Montréal, qui donne son premier concert en 1940. Ces ensembles ont quasiment tous disparu pendant les deux guerres mondiales, les musiciennes ayant été appelées à combler les rangs des orchestres masculins.

Dans cette bataille pour s'imposer dans le milieu musical classique, d'autres femmes préfèrent y aller frontalement, devenant les nouvelles pionnières du XXe siècle. Dans un premier temps, seules les violonistes et les harpistes peuvent espérer décrocher une place dans un orchestre. Ce fut le cas de Lily Laskine. À 13 ans, elle obtient le premier prix du Conservatoire de Paris en harpe et, en 1909, elle intègre l'orchestre de l'Opéra de Paris. Première femme à jouer dans cette prestigieuse formation, la harpiste restera pendant près de vingt ans… « remplaçante titulaire ». Ce n'est qu'en 1934 qu'elle devient enfin la harpe solo du tout nouvel Orchestre national de France.

De l'autre côté de l'Atlantique, les pionnières ont un temps d'avance, et sur d'autres instruments que la harpe ou le violon. Ellen Stone est la première corniste acceptée à l'Orchestre de Pittsburgh en 1937, tandis qu'Orin O'Brien arrive au pupitre des contrebasses de l'Orchestre philharmonique de New York en 1966. En Europe, l'Orchestre philharmonique de Berlin attend 1982 avant d'accepter une femme en son sein, la violoniste Madeleine Carruzzo. Deux ans après son arrivée, un conflit éclate. Le directeur musical, Herbert von Karajan, souhaite que la clarinettiste Sabine Meyer rejoigne le pupitre des vents en tant que soliste. Dans les années 1980, les femmes flûtistes, hautboïstes, bassonistes et clarinettistes sont rarissimes dans les orchestres. Problème : la majorité des membres de l'orchestre s'y oppose – dans la tradition berlinoise, ces derniers prennent la plupart des grandes décisions, y compris artistiques. Misogynie ou contestation de l'autoritaire directeur musical ? Les avis divergent, mais la musicienne ne tiendra qu'un an avant de craquer, poser sa démission et démarrer une carrière brillante en tant que soliste.

Ce conflit est loin d'être un cas isolé. L'histoire rocambolesque d'Abbie Conant le prouve. Elle le résume : « Quand je repense à cette expérience munichoise, c'est parfois difficile pour moi de croire que j'ai survécu à l'agressivité de cette institution. Vous [la journaliste] décrivez mon expérience comme une bataille, c'en était une, mais pas comme une sorte de série tumultueuse, voire désordonnée, d'agressions et d'affrontements. J'avais plus l'impression d'être seule sur un morceau de banquise au milieu d'un vaste océan. » En 1980, la tromboniste américaine arrive première au concours pour intégrer l'Orchestre philharmonique de Munich, au poste de trombone solo. Toutes les auditions se déroulent derrière un paravent. Il lui reste donc à se dévoiler et à passer un an au sein de la formation musicale avant de devenir titulaire. À la fin de cette période d'essai réglementaire, le directeur musical, Sergiu Celibidache, s'oppose à sa titularisation. Contrairement à Sabine Meyer qui avait le soutien du chef mais pas de l'orchestre, Abbie Conant est acceptée par ses collègues. Mais rien n'y fait, sur ordre du directeur musical, on lui propose d'intégrer l'orchestre au poste de deuxième trombone. La rétrogradation est humiliante. En guise d'explication, Sergiu Celibidache lui expose que la place de trombone solo revient à un homme. Abbie Conant ne cède pas et demande à l'administration une justification, qui finit par être trouvée : elle n'aurait pas les capacités respiratoires. La tromboniste ne lâche rien, et va donc passer des examens cliniques pour prouver une nouvelle fois son aptitude à devenir trombone solo… Le bras de fer dure treize ans. Cette longue bataille se termine sur une victoire pour Abbie Conant, qui enfin devient titulaire de l'orchestre. Appelée par d'autres orchestres prestigieux pour devenir leur trombone solo, elle quitte finalement sa position durement acquise à Munich la tête haute, et marque l'histoire des femmes dans l'orchestre par ce combat rondement mené.

Ce genre d'anecdotes semble aujourd'hui bien daté. Mais de telles inégalités ne se résorbent pas en quelques décennies. On ne balaie pas d'un revers de main des siècles de préjugés sexistes et de domination masculine dans ce milieu traditionnel et codifié. Les postes de solistes, les rangs des cuivres et les percussions sont toujours largement dominés par les hommes, et certains chefs se permettent encore de saluer l'orchestre d'un « Bonjour messieurs » aussi absurde que de plus en plus faux. Les orchestres ont adapté leurs loges pour y recevoir des musiciennes, les tenues de scène sont repensées pour qu'hommes et femmes s'y sentent à l'aise, mais il faudra encore un peu de temps pour que les orchestres arrivent à la parité et reflètent pleinement nos sociétés.

La création féminine en déclin

Enfermée dans sa cellule depuis plusieurs jours, la suffragette anglaise attend la visite de son ami, le chef d'orchestre Sir Thomas Beecham. Et si elle lui réservait un accueil digne de ce nom ? En quelques minutes, la prisonnière interpelle et convainc la dizaine de militantes enfermées avec elle d'entonner leur chant de lutte, *La Marche des femmes*. Dans le silence de la prison, des voix s'élèvent doucement…

Clamez, clamez haut votre chant,
Criez avec le vent car l'aube est proche ;
Marchez et allez de l'avant,
Claque notre étendard, l'espoir s'éveille.
Ce chant, son message, ses rêves splendides,
Voyez leur appel : il est porte-joie !

Debout sur un petit tabouret, l'initiatrice de ce concert improvisé dirige fièrement la musique, brosse à dents à la main pour battre la mesure. Au fil des couplets, le chœur des suffragettes donne de l'ampleur à ce chant aux allures militaires. Cet hymne, elles le connaissent désormais sur le bout des doigts. Dans les moments joyeux comme dans les épreuves, il porte leur combat depuis deux ans. Son autrice ? Ethel Smyth, compositrice britannique et, en ce jour de 1912 dans la prison de

Holloway à Londres, cheffe d'orchestre pour chœur de prisonnières.

La musicienne suffragette a 54 ans quand elle est condamnée à deux mois de prison. Elle est arrêtée après avoir cassé la vitre du secrétaire d'État aux colonies, « Lulu » Harcourt, une des cibles du mouvement féministe britannique. L'homme politique avait déclaré qu'il accepterait le droit de vote des femmes seulement si elles étaient toutes aussi intelligentes et sages que sa femme. Ethel Smyth a toujours voulu consacrer sa vie à la musique. Mais après trente ans à se battre pour exister en tant que compositrice, à user de stratégies pour faire jouer ses œuvres et à recevoir des critiques injustes sur sa musique, elle s'engage corps et âme dans le mouvement des suffragettes en leur léguant sa *Marche des femmes*, sur les paroles de l'écrivaine, journaliste féministe et suffragette Cicely Hamilton, et deux autres compositions : *Laggard Dawn*, mélodie de soutien à ces militantes, et *1910*, œuvre pour chœur et orchestre.

À l'Angleterre, son pays natal, et à la musique classique en général, Ethel Smyth lègue aussi un catalogue impressionnant : sept opéras, dont un, *Der Wald* (*La Forêt*), donné au Metropolitan Opera de New York – le premier composé par une femme. Elle compose aussi une *Messe en ré* remarquable, un concerto pour violon et cor, et de nombreuses pièces de musique de chambre dont une sonate pour violon. Tchaïkovski, en entendant cette dernière pièce, prédit une brillante carrière à son autrice. Le compositeur russe voit juste : Ethel Smyth arrive à convaincre les plus réticents d'écouter son travail, se glisse au rang des plus hauts représentants de la musique classique anglaise, et est nommée en 1922 « Dame Ethel Smyth de l'Empire britannique ». Lorsqu'elle reçoit ce titre honorifique, la compositrice lutte depuis dix ans contre la surdité. À l'inverse d'un Ludwig van Beethoven qui continuera de composer sans le soutien de ses oreilles, la Britannique se réfugie dans l'écriture. Elle publie une dizaine d'ouvrages dans lesquels transparaît son combat en tant que femme dans le monde de la musique : « L'attitude des Anglais envers les femmes dans le domaine artistique est ridicule voire incivilisée. Il n'y a pas de sexe dans l'art. Tout ce qui compte c'est la manière dont vous jouez du violon, peignez ou composez. »

Des mouvements féministes de grande ampleur se propagent dans l'Europe du début du XXe siècle. Les suffragettes réclament l'égalité de droits, mais les ouvrières aussi, en entamant des grèves pour exiger le même salaire que les hommes. En musique, ces revendications se traduisent par des avancées qu'on a vues au chapitre précédent, comme le Premier Grand Prix de Rome décerné à Lili Boulanger, les premières cheffes d'orchestre, les solistes acclamées sur les plus grandes scènes et les compositrices qui remplissent les classes des conservatoires.

> « Tout ce qui compte c'est la manière dont vous jouez du violon, peignez ou composez. »

Ces bonnes dispositions auraient pu laisser présager un siècle où, enfin, les femmes trouveraient leur place dans la musique et ne seraient plus jugées en fonction de leur sexe. Si ce scénario s'était réalisé, cent ans plus tard, le sujet de ce livre n'aurait plus de sens. Mais, comme le rappelle justement Simone de Beauvoir : « Il suffira d'une crise politique, économique ou religieuse pour que les droits des femmes soient remis en question. Ces droits ne sont jamais acquis. » Et la plus grande crise du siècle dernier s'est déroulée entre 1939 et 1945. Si les femmes remplacent les hommes partis au combat lors de la Première Guerre mondiale, le conflit suivant met un coup d'arrêt à cet élan d'émancipation. Les femmes doivent quitter les usines, les champs ou les orchestres, rentrer chez elles, s'occuper de leur mari et faire des enfants pour repeupler le pays. Autrement dit, se recentrer sur le statut d'épouse et de mère. Dès la fin des années 1940, les compositrices s'évaporent, sauf quelques exceptions, mais loin des projecteurs. Car tout le milieu musical se tourne vers les nouveaux courants de la musique contemporaine : sérialisme, dodécaphonisme, musique aléatoire, minimalisme, musique spectrale... Derrière ces noms un peu barbares se cache une idée : créer une rupture par rapport aux règles de composition établies depuis des siècles. À l'image de l'art abstrait en peinture, les œuvres musicales composées après la Seconde Guerre mondiale cherchent à casser les harmonies, à repenser entièrement l'utilisation des notes, des instruments, des partitions et des sonorités.

Les esthétiques sont très cloisonnées. Les mentalités aussi. Tout ce qui se rapproche, de près ou de loin, d'une musique du passé (baroque, classique, romantique, impressionniste) est méprisé. Il faut appartenir à un de ces courants pour espérer être entendu, ou avancer seul. Or qui est à la tête de ces genres musicaux nouveaux ? Des compositeurs puissants, à l'image de Pierre Boulez qui façonne le monde musical de cette seconde partie du xxe siècle. Rien ne dit explicitement que les femmes sont exclues de ces modes de pensée, mais la plupart se retrouvent reléguées au rôle d'assistante au service de ces génies avant-gardistes.

On les retrouve donc dans les chemins de traverse, comme à la radio, média en pleine expansion. La Radiodiffusion-télévision française (RTF), ancêtre de Radio France, crée des orchestres en son sein et offre ainsi aux compositeurs et compositrices un immense terrain de jeu. Certains programmes exigent une musique de fond, d'autres proposent des opéras composés spécifiquement pour le média, sans oublier les concerts captés en direct, autant de commandes auxquelles répondent des compositrices telles qu'Elsa Barraine, Yvonne Desportes ou Claude Arrieu. Ce trio est, à la fin des années 1920, dans la même classe de composition au Conservatoire de Paris, celle du compositeur Paul Dukas, à qui l'on doit un des tubes de la musique classique : *L'Apprenti sorcier*. Deux d'entre elles obtiennent le Grand Prix de Rome, Elsa Barraine en 1929 à l'âge de 19 ans et Yvonne Desportes, trois ans plus tard.

Arrêtons-nous un instant sur la vie romanesque de la précoce Elsa Barraine. Après l'obtention du sésame de la musique, elle séjourne à la Villa Médicis, sur les traces de Lili Boulanger. À son retour en France, elle obtient un poste de cheffe de chant à la radio, métier qui consiste à accompagner au piano les voix (chœurs et solistes) avant les répétitions avec l'orchestre, en l'occurrence l'Orchestre national. Quand elle a du temps, c'est-à-dire entre minuit et 2 heures du matin, elle compose, comme en 1938, où elle finit d'écrire sa deuxième symphonie : « Je l'ai appelée *Voïna* parce que c'est la guerre [*voïna* signifie guerre en russe]. En 38 on savait bien qu'il y aurait la guerre, il aurait fallu être fou pour ne pas s'en apercevoir. » Deux ans plus tard, elle perd son poste à la radio, tout comme sa consœur Claude Arrieu, à cause de ses origines juives.

Pendant la guerre, Elsa Barraine s'investit dans les réseaux de résistance, elle cofonde le Front national de la résistance des musiciens français, groupe d'entraide très actif qu'elle anime et qui cherche à dissuader le monde musical de collaborer aux nombreux concerts organisés par les Allemands à Paris. Elsa Barraine est aussi connue pour son engagement au Parti communiste, qu'elle quitte vers la fin des années 1940. Son plus grand combat est de veiller à ce que le monde musical se débarrasse des « collabos ». Dans une lettre au compositeur Louis Saguer, écrite en 1941, on perçoit sa vivacité et sa colère : « Les autres musiciens sont des salauds, ils sont déjà embarqués dans des projets idiots de corporatisme. [...] Des types comme Delannoy, H. Barraud, Auric, etc. sont tout à fait hitlérisés. Les autres s'embarbouillent à écrire de la musique qu'ils ne pourront faire jouer nulle part ! Activité musicale noire. Beethoven. Wagner dans les associations, comme avant, comme toujours.

Aucune réelle belle manifestation de musique. Rien. C'est d'un moche ! »

Peu avant la Libération, elle retrouve l'Orchestre national en tant que preneuse de son, et compose beaucoup, pour la radio mais aussi pour le cinéma ou le théâtre. Son nom traverse les frontières de la France, elle est jouée en Angleterre, programmée dans des festivals de musique contemporaine, mais son activité de compositrice ne lui suffit pas à vivre correctement. Elle rejoint donc le Conservatoire de Paris en tant qu'enseignante dans la classe de déchiffrage de piano, avant de prendre la succession d'Olivier Messiaen, professeur d'analyse. Sa vie mérite un roman. En attendant, on se contente du précieux travail de Mariette Thom, qui a consacré son mémoire d'histoire à la compositrice française et dresse ainsi la première biographie exhaustive d'Elsa Barraine.

Peut-on déceler un point commun entre les esthétiques de ces trois compositrices qui ont eu un même professeur ? Un lien peut-être les unit : cette forme de liberté. Car en s'émancipant des grands courants (un peu sectaires) de la musique contemporaine, elles tracent leurs propres routes tout en gardant un œil alerte sur les nouveautés. Cette distanciation du monde musical s'explique souvent par leurs parcours professionnels et personnels. Elsa Barraine se fait de nombreux ennemis par ses engagements politiques forts, elle n'est pas la bienvenue partout. Leurs œuvres à toutes les trois sont résolument modernes mais restent mélodiques, contrairement à ce qui se fait de plus novateur à l'époque. Claude Arrieu, qui cherche un temps à se rapprocher de la musique concrète, n'y trouve finalement pas un grand intérêt et va donc créer son langage musical seule.

La musique concrète naît à la radio, dans le Studio d'essai de la RTF, où Pierre Schaeffer invente une nouvelle musique après la guerre. Au contraire des œuvres écrites puis interprétées, la musique concrète est créée comme un collage, à partir de sons et de bruits que l'on enregistre, modifie et superpose les uns aux autres. Très vite, une jeune compositrice le rejoint. Son nom est Éliane Radigue. Fascinée par cette approche de la musique, elle va devenir son assistante quelques années, avant de rencontrer celui qui est considéré comme le père de la musique électroacoustique, Pierre Henry. Dans l'ombre de ces géants, la compositrice n'est qu'une petite main, une assistante, mais elle apprend beaucoup et s'émancipe de leur influence pour créer chez elle, avec son propre matériel – des machines dotées de mille boutons que les DJ les plus expérimentés auraient du mal à utiliser aujourd'hui. Sa musique, presque méditative, s'étend sur de très longues plages, dont les plus courtes durent quinze minutes, les plus longues plus d'une heure. Avec son œuvre, le temps s'arrête ou, au contraire, s'étire à l'infini, les changements de notes ou de sonorités devenant quasiment imperceptibles.

Composer depuis chez soi, ne pas avoir à convaincre un orchestre, un chef, une salle… La musique électronique, au milieu du XXe siècle, séduit de nombreuses compositrices, car elle lève les barrières que les femmes rencontrent dans la musique classique. En Angleterre, en France, aux États-Unis ou en Allemagne, elles sont nombreuses, parfois pionnières, expertes dans des domaines ultratechniques, et elles sont brillantes. Daphne Oram, Laurie Spiegel, Suzanne Ciani, Delia Derbyshire, Johanna Magdalena Beyer, Else Marie Pade, Pauline Oliveros, Alice Schields, Ruth White, Bebe Barron, Wendy Carlos… Leurs noms ont récemment été mis en lumière dans un documentaire de Lisa Rovner, *Sisters with Transistors*, qui replace au cœur de la musique électronique toutes ces femmes dont l'inventivité et la création ont été méprisées par l'histoire – car ce sont bien des hommes qui ont été consacrés pionniers de l'électronique. Pourtant, en 1938, plusieurs années avant le début des mouvements de musique concrète ou électroacoustique, *Music of the Spheres*, composé par Johanna Magdalena Beyer, n'utilise que des instruments électroniques. La même année, c'est le ballet *Roméo et Juliette* de Prokofiev qui est donné pour la première fois. Il faut imaginer le décalage entre cet opéra joué par un grand orchestre classique et cette musique avant-gardiste aux sons continus, dignes d'un film de science-fiction.

Johanna Magdalena Beyer a été oubliée, malgré les efforts d'un certain John Cage, qui entend sa musique et en devient un fervent défenseur. Ce n'est pas une surprise : le compositeur américain, élève d'Arnold Schönberg, va se lancer plus tard dans la musique expérimentale. Il est l'auteur de *4'33"*, un morceau où l'interprète… n'interprète rien, pendant quatre minutes et trente-trois secondes. Car John Cage cherche à montrer l'importance du silence, ou plutôt des bruits qui nous entourent. Cette pensée va faire émerger un nouveau courant, minimaliste ou répétitif, porté par plusieurs compositeurs américains : Steve Reich, La Monte Young, Terry Riley, Philip Glass, John Adams… À l'origine de ce mouvement, des motifs répétés inlassablement, comme une transe qui fait se croiser les sonorités et les ambiances dans un flot continu de musique. Traversée par tous ces courants, la musique contemporaine prend le même chemin que la musique classique : des femmes y participent, mais les hommes en font les règles.

Ajoutons à cela qu'elle fait face à une rude concurrence, celle de tous les styles musicaux qui naissent alors (rock, pop, puis rap, RnB, etc.). La musique contemporaine souffre de n'être pas assez populaire, pas assez jouée, ce qui rend d'autant plus difficile pour les compositrices de s'y faire un nom. Dans cette nouvelle musique, elles doivent recommencer de zéro – encore une fois, rien ne leur est acquis. Mais leurs difficultés sont masquées par des exceptions : quelques compositrices parviennent à faire reconnaître leurs œuvres. On pense à la Franco-Américaine Betsy Jolas, à Meredith Monk, que l'on associe parfois à la musique minimaliste mais qui réfute ce terme, à Édith Canat de Chizy, première femme nommée à l'Académie des Beaux-Arts dans la section musique (en 2005) ou encore à Kaija Saariaho, dont l'opéra *L'Amour de loin* a été donné en 2016 au Metropolitan Opera de New York – cent treize ans après *Der Wald* d'Ethel Smyth, c'est la deuxième œuvre lyrique d'une compositrice jouée dans cette institution.

Qui a effacé les femmes de l'histoire de la musique ?

Le public dans la salle ne réalise peut-être pas l'importance du moment. Nous sommes le 6 juin 2019, à Besançon. Droite, concentrée et impatiente, la cheffe d'orchestre Debora Waldman se tient debout face à l'Orchestre Victor Hugo Franche-Comté. Dans quelques secondes, une musique qui n'a encore jamais été entendue va s'élever. Les mains de la cheffe se lèvent pour se joindre comme dans un geste de prière. Son regard balaie l'orchestre, elle fronce les sourcils, et les premières notes graves d'une *Symphonie en ut dièse mineur* résonnent dans la salle. Cette symphonie a été écrite par une femme, Charlotte Sohy.

Debora Waldman raconte dans *La Symphonie oubliée* (un livre écrit avec la journaliste Pauline Sommelet) sa rencontre avec Charlotte Sohy, ou plutôt avec son descendant, François-Henri Labey, premier supporter de la musique de sa grand-mère disparue en 1955. Ces rencontres ne sont pas le fruit du hasard, mais de l'engagement. Entre le petit-fils, la partition et la cheffe d'orchestre il y a une femme, Claire Bodin. Fondatrice et directrice du festival Présences féminines, elle se bat depuis plus de dix ans pour faire entendre des œuvres de femmes. Sa programmation rassemble artistes et mélomanes autour de la conviction que les compositrices ont leur place dans la vie musicale au XXIe siècle, quitte à passer par la discrimination positive et mettre la lumière uniquement sur elles. Grâce à l'énergie et la volonté de toutes les personnes qui choisissent ce combat de valorisation, des noms et des œuvres jamais entendus fleurissent chaque année. C'est par ce festival qu'est réapparue la symphonie de Charlotte Sohy, qu'elle n'a jamais pu donner de son vivant, malgré son talent, sa réputation bien installée et le soutien de son mari.

Pour la cheffe d'orchestre qui n'a jamais voulu faire la distinction entre des œuvres composées par des hommes ou par des femmes, la question s'est imposée : comment des partitions aussi belles ont-elles pu être oubliées ? Car on ne compte plus les Charlotte Sohy, toutes ces géniales musiciennes dont on n'a pas retenu les noms. Mais est-ce notre faute ? Un oubli collectif ? Qui a effacé les femmes de l'histoire de la musique ? Il n'y a pas de réponse unique à ces questions. C'est un ensemble de facteurs, plus ou moins étudiés et identifiés, qui permet d'apporter des éléments de réponse à ce grand effacement.

On l'a vu tout au long de ce livre, le patriarcat et la misogynie féroce de certaines époques ont contribué à minimiser l'importance des femmes dans la musique (Hélène de Montgeroult dépossédée de sa méthode pour le piano), à leur en bloquer les accès (Fanny Hensel qui publie sous le nom de son frère), à rendre moins légitime leurs créations (l'opéra de Mlle Le Sénéchal de Kercado se fait éreinter une fois dévoilé le nom de la compositrice) ou leurs interprétations (le combat des instrumentistes pour intégrer les orchestres). Les interdictions formelles sont diverses et variées, du prétexte religieux pour le chant aux raisons morales ou cliniques pour les instruments, mais, moins explicitement, c'est aussi tout un monde masculin qui refusait de partager sa place avec les musiciennes ou les compositrices. L'évolution du règlement au sein du Conservatoire de Paris offre une illustration de cette réticence. Si l'institution ouvre ses portes aux étudiantes dès sa création en 1795, certaines classes ne leur sont pas accessibles, et très vite des quotas sont instaurés pour éviter qu'elles soient trop nombreuses. Elles ne peuvent pas être plus d'un quart des élèves dans les classes d'orgue et, quand la demande pour les classes de piano de la part du public féminin explose, l'institution décide qu'il n'y aura que quinze élèves dans chacune des deux classes, chez les hommes et les femmes. Seulement les années suivantes, le nombre de candidates ne cesse d'augmenter. L'institution cède au milieu du siècle et ouvre quatre classes de piano pour les jeunes filles, contre deux pour les garçons. En 1889, elles sont deux cent trente-huit à concourir pour intégrer ces classes, contre quarante-neuf garçons.

Les élèves pianistes non seulement occupent une grande place dans cette prestigieuse institution, mais remportent de nombreux prix. Le début du xxe siècle ouvre des perspectives plutôt réjouissantes pour les musiciennes et les compositrices. Toutefois la presse et la critique musicale renvoient constamment la musique au genre. Chaque nouveau nom féminin sur la scène musicale est scruté, analysé et rarement ménagé. Journalistes et critiques s'étonnent dès qu'une œuvre s'éloigne de l'idée qu'on se fait d'un style féminin, et observent avec paternalisme le travail des compositrices ou interprètes. Ainsi Lili Boulanger est timide et fragile, Germaine Tailleferre écrit une musique « de jeune fille au sens le plus exquis de ce mot, d'une fraîcheur telle qu'on peut dire que c'est de la musique qui "sent bon" ». Quant à Augusta Holmès, elle est qualifiée ainsi : « Le mérite suprême ambitionné par cette femme aux rares et nobles tendances semble être la virilité, et [...] l'écueil le plus dangereux pour elle est, au lieu de la faiblesse, l'exagération de la force. » Autrement dit, soit leur musique est une musique de femme – donc douce, sensible, légère, incomparable avec l'œuvre masculine –, soit une musique d'homme – donc virile, puissante, ambitieuse. Dire aujourd'hui que la musique n'a pas de sexe revient à ignorer ce par quoi la grande majorité des créatrices est passée, et que les compositrices d'aujourd'hui continuent parfois de subir. Les musiciennes, chanteuses et cheffes d'orchestre n'y échappent pas non plus. Leurs tenues, leur gestuelle, leur masculinité ou féminité prennent parfois plus de place dans les articles que le plus important : la musique.

Dire aujourd'hui que
la musique n'a pas de sexe
revient à ignorer ce par quoi
la grande majorité
des créatrices est passée.

Autre facteur d'effacement, une compositrice, aujourd'hui encore, est régulièrement désignée par son seul prénom, ce qui ne serait jamais le cas avec un homme. Combien de fois les membres du groupe des Six ont-ils été qualifiés par leurs noms de famille pour les hommes (Georges Auric, Louis Durey, Arthur Honegger, Darius Milhaud, Francis Poulenc) et par le simple prénom « Germaine » pour Germaine Tailleferre ?

C'est l'occasion de rappeler en quelques phrases son rôle dans le monde musical du XXe siècle. Les débuts n'étaient pas gagnés, puisque son père déclare : « Pour ma fille, faire le Conservatoire ou le trottoir à Saint-Michel, c'est la même chose. » Mais à force de persuasion, de talent et de ténacité, Germaine Tailleferre s'approche au plus près d'une consécration en devenant la seule femme du groupe des Six, des artistes réunis par amitié et par leur opposition à l'impressionnisme (porté par Debussy par exemple) et au wagnérisme. Autour de ce groupe gravitent des personnalités comme Jean Cocteau, Guillaume Apollinaire, Marie Laurencin, Paul Éluard… Germaine Tailleferre se coupe du milieu brûlant de liberté et de création en se mariant en 1926 avec le caricaturiste américain Ralph Barton. Jaloux et possessif, il lui interdit d'écrire la musique du nouveau film de Charlie Chaplin, *Le Cirque*, et à leur retour en France il la menace violemment dès qu'il apprend qu'elle attend un enfant.

Malgré son catalogue impressionnant d'œuvres de musique de chambre, d'opéras, de sonates et concertos, la musique de Germaine Tailleferre ne sera jamais assez prise au sérieux. À entendre les propos de Francis Poulenc, interrogé en 1954 à la radio, on sent qu'elle n'était pas considérée au même titre que les hommes. Tandis que le compositeur passe en revue tous les compositeurs du groupe des Six en saluant leurs capacités intellectuelles exceptionnelles et leurs connaissances infinies sur la musique, arrive le tour de sa consœur : « Qu'elle était ravissante en 1917, notre Germaine, avec son cartable d'écolière plein de tous les premiers prix du Conservatoire. Qu'elle était gentille et douée. Elle l'est toujours, extraordinairement douée. Mais je regrette quelquefois qu'elle n'ait pas sorti d'elle-même tout ce qu'une Marie Laurencin par exemple a su tirer de son génie féminin. Quoi qu'il en soit, de quel charmant apport est sa musique. » La compositrice est d'abord ravissante, gentille, avant d'être douée. Or elle ne cesse d'affronter son père, à la fois en poursuivant ses études au Conservatoire, mais aussi en changeant son nom de famille (on la comprend, ses parents s'appelaient Taillefesse) : Germaine Tailleferre a un sacré caractère. Son œuvre n'a pas été totalement oubliée, elle a ainsi été programmée au bac option musique en 2017.

La dépossession du nom des femmes, par le mariage ou par l'habitude de les désigner par leur prénom, complique les recherches. Dans les mouvements féministes des années 1970, les quelques musicologues qui se sont lancées dans des fouilles patientes ont été confrontées à cette difficulté, notamment pour rassembler les œuvres sous un même nom quand celui-ci change au fil des années (sans compter les divorces).

Toutes ne sont pas concernées, puisqu'on a retrouvé sans peine les Lili Boulanger, Mel Bonis, Augusta Holmès, Cécile Chaminade et autres grands noms féminins de la fin du XIXe siècle. Alors comment a-t-on pu oublier ces dernières ? Ce n'est pas leur nom ; ce n'est pas non plus un problème de légitimité, puisque leurs œuvres étaient jouées par les orchestres les plus prestigieux et applaudies dans les plus grandes salles ; et ce n'est évidemment pas leur talent – les partitions qu'il nous reste le prouvent à chaque nouvel enregistrement ou nouveau concert.

La réponse n'est pas à chercher dans la musique, mais dans la manière dont est écrite l'histoire. Pour la chercheuse Florence Launay, l'avènement de la musicologie en tant que science au début du xxe siècle a marqué un tournant dans l'histoire de la musique et dans la manière dont elle est racontée. En se dotant d'une approche scientifique, la musicologie va légitimer les œuvres et compositeurs considérés comme importants (mais sur quels critères ?) tout en excluant la majorité des compositrices. En scrutant les dictionnaires, les articles et les ouvrages consacrés à l'histoire de la musique, Florence Launay constate qu'entre le xixe siècle et le xxe siècle, les femmes disparaissent des récits et des programmations.

Il n'y a jamais eu un problème d'absence de femmes dans la musique classique. Elles ont toujours été là, mais parfois en filigrane, car dans l'impossibilité de créer l'histoire, de s'émanciper, de participer pleinement à la vie musicale. Et quand certaines ont eu les moyens de le faire (Élisabeth

Jacquet de La Guerre, Hélène de Montgeroult, Louise Farrenc pour ne citer que des Françaises), elles ont été effacées. Louise Farrenc est passée dans les dictionnaires de « pianiste et compositeur, professeur de piano au Conservatoire » (1872, *Grand dictionnaire universel du XIXe siècle*) à « pianiste » en 1999 (*Larousse*), associée au nom de son époux, analyse Florence Launay dans *Compositrices, l'égalité en actes*. Il a fallu, dans un premier temps, trouver les preuves de cette présence. À partir des années 1970, un mouvement de réhabilitation des compositrices répare tout un pan de l'histoire de la musique. Des travaux universitaires sont menés, de nouveaux dictionnaires sont écrits, comme l'*International Encyclopedia of Women Composers*, sorte de bible écrite par Aaron Cohen qui compte plus de six mille noms.

Désormais, il faut aussi souligner les raisons de cet effacement pour qu'il ne se reproduise plus. Car les tentatives pour réécrire cette histoire biaisée et mettre en lumière l'œuvre des femmes ne sont pas si récentes. Dans les années 1880-1890 par exemple, on valorise la création féminine avec des concerts ne mettant que des compositrices à l'honneur, un festival leur est même dédié. Un siècle plus tard, il faut à nouveau en passer par ces méthodes pour les faire exister. Mais grâce à la rencontre entre le travail des féministes des années 1970 et la jeune génération qui œuvre aujourd'hui sur scène et en coulisses, on peut espérer que l'histoire de la musique s'inscrive enfin dans une démarche plus juste.

L'histoire des « chefs-d'œuvre » et des « génies », celle des hommes, peut continuer d'exister, mais doit désormais inclure les femmes. Car le milieu doit évoluer, ressortir des partitions oubliées, des noms mis de côté par une société tournée vers un seul patrimoine. La musique ne peut que s'enrichir de nouvelles musiques et de nouveaux récits. Pour l'art, mais aussi pour nous, hommes, femmes, mélomanes, néophytes, artistes ou simples curieux et curieuses.

Playlist 6

Lily Laskine interprète *Sonate pour flûte, alto et harpe* de Claude Debussy

Ethel Smyth, *La Marche des femmes*

Ethel Smyth, *Messe en ré*

Elsa Barraine,
Symphonie n° 2 dite *Voïna*

Germaine Tailleferre, *Adagio pour violon et piano*

Éliane Radigue,
Trilogie de la mort

Johanna Magdalena Beyer,
Music of the Spheres

Kaija Saariaho, *L'Amour de loin*

Charlotte Sohy, *Symphonie en ut dièse mineur*

Conclusion

Comment réparer l'oubli ? À partir de quand pourra-t-on dire que l'histoire a été rétablie ? Et qu'attendre des années à venir ? Avant de répondre à ces questions, il y a d'abord un constat à faire : malgré l'exclusion, l'interdiction, la dépréciation que les femmes ont subies pendant des siècles dans la musique, elles ont toujours été présentes. Ce livre, qui retrace leur histoire de l'Antiquité à aujourd'hui, en est une preuve. Parfois, un nom a servi de modèle pour des générations, à l'image de Sappho, qui n'a jamais quitté la mémoire collective. D'autres se sont illustrées en groupe, à un moment précis de l'histoire, avant de tomber aux oubliettes, ainsi les trobairitz du Sud de la France ou les compositrices baroques italiennes, qu'elles aient été nonnes ou aristocrates. Pendant la Révolution française, aussi, quand la fugace émancipation des femmes a porté jusque dans les programmations des noms de librettistes et compositrices.

En dehors de ces épisodes de liberté collective, les musiciennes sont souvent des exceptions. C'est seules qu'ont brillé, par exemple, la star mystique du Moyen Âge, Hildegarde de Bingen, la claveciniste favorite de Louis XIV, Élisabeth Jacquet de La Guerre, ou la grande pianiste Hélène de Montgeroult. Mais la musique ne se résume pas aux destins de compositrices oubliées. Il fallait intégrer dans ce récit les interprètes. À la fois pour sortir du mythe des chanteuses que l'on imagine comme les seules femmes tolérées depuis toujours dans le monde musical – ce qui est faux – et pour souligner le combat des instrumentistes. Car si aujourd'hui la jeune Française Lucienne Renaudin Vary ne choque (presque) plus personne sur scène avec sa trompette, cela n'a pas toujours été le cas. Les musiciennes ont dû prouver leur excellence en tant qu'interprètes, prouver qu'elles valaient bien les hommes, et se sont vu longtemps refuser l'entrée des conservatoires et des orchestres.

Enfin, il fallait éclaircir le grand effondrement survenu au XXe siècle, cette disparition quasi totale des femmes de la musique après une entrée si prometteuse dans le siècle. Les progrès constatés sur ces dernières décennies ne suivent pas un mouvement d'égalité qui n'aurait fait que croître depuis des siècles. Il a eu des hauts et des bas et, surtout, cet immense recul, lié en partie aux deux guerres mondiales, qui fait qu'aujourd'hui nous comptons sur les doigts de la main le pourcentage des femmes dans les programmations. La partie n'est jamais gagnée. D'où ce besoin de militer et de raconter les expériences, positives ou négatives. Certaines, qui considèrent qu'elles sont créatrices ou instrumentistes avant d'être femmes, refusent totalement d'aborder le sujet des inégalités. Je considère au contraire que plus nous aurons de récits d'artistes conscientes d'être des femmes dans une histoire musicale dominée par les hommes, plus nous pourrons nous figurer les leviers à créer ou les barrières à abattre. La présence des femmes dans le monde de la musique classique ne vient pas d'un processus naturel et évident. Il a fallu compter sur des pionnières et des battantes, des Ethel Smyth pour le militantisme féministe et la composition, et des Marian Anderson pour la voix et la présence des femmes noires sur la scène lyrique. Des Jane Evrard pour la direction d'orchestre et des Jacqueline Du Pré pour des générations de violoncellistes.

Je pourrais encore citer toutes celles qui méritaient largement un paragraphe voire un chapitre dans ces pages, mais il faut faire des choix. Heureusement, les femmes qui ne figurent pas dans mon récit sont visibles ailleurs. Car non seulement je ne suis pas seule à porter ce combat, mais surtout : l'espoir est permis.

Une nouvelle génération arrive, désireuse de soutenir la cause des femmes, de valoriser le matrimoine et de lutter contre toutes les formes de discrimination. Les élèves en musique entendent parler des compositrices et veulent les jouer, les musiciennes entrent dans le monde professionnel averties des freins qu'elles pourraient rencontrer, les aspirantes compositrices peuvent s'identifier aux modèles que l'on recommence à mettre en lumière.

Cependant une autre lutte s'ajoute pour cette génération, et pas des moindres : elle concerne les violences sexuelles et sexistes. Ce fléau a longtemps été tabou. Combien de carrières ont été avortées, raccourcies, diminuées à cause d'agressions, menaces, harcèlements, viols ou chantages ? La parole se libère difficilement malgré les mouvements #MeToo qui ont secoué de nombreuses sociétés. La musique classique peine à sortir de ce système très violent pour les femmes, étudiantes comme professionnelles, y compris pour celles qui occupent des postes à responsabilités. Mais également pour les hommes. L'accès à une forme d'égalité entre les sexes ne pourra advenir sans cette bataille et un grand ménage dans ce milieu où longtemps certaines personnes ont profité de leur pouvoir ou de leur aura pour se comporter, disons-le, comme des porcs.

Revenons sur des notes d'espoir, notamment dans les initiatives, portées à bout de bras par des personnes engagées et volontaires. Chaque festival qui se pose la question de savoir s'il y a assez de femmes dans sa programmation est une avancée. À chaque artiste qui décide de mettre une, deux ou trois œuvres de compositrices dans son prochain album, on gagne du terrain. À chaque conservatoire ou lieu d'enseignement qui change le nom des salles – dévolu généralement à des hommes – pour y mettre des personnalités féminines du monde de la musique classique, un pas est fait.

Il existe une constellation de manifestations, concerts, festivals, tables rondes, événements, expositions ou conférences qui valorisent les parcours de combattante de ces musiciennes, celles du passé mais aussi celles qui sont bien vivantes. Le message passe : aux femmes actives dans ce milieu, qu'elles ne sont pas seules, et aux plus jeunes, qu'elles méritent un avenir radieux et ambitieux.

Les médias portent à leur façon cet espoir. La route fut longue, mais des journalistes (comme Anne-Charlotte Rémond sur France Musique) ont fait le choix, depuis une dizaine d'années, de diffuser l'œuvre des compositrices. Ce n'est pas toujours simple, car les enregistrements sont parfois rares et il faut prendre du temps pour retrouver les noms et les histoires enfouis sous les siècles. Mais la récompense de tous ces efforts n'a pas de prix. Car cette visibilité enclenche des mouvements, discrets, concrets et puissants.

Mais il n'y a pas de médiatisation sans le travail minutieux de la recherche. Les biographies de compositrices, les publications autour des interdits pour les femmes dans la musique, les livres, colloques, enquêtes, thèses et travaux universitaires m'ont permis d'écrire ce livre. J'y ai trouvé un regard différent et critique sur une discipline toujours perçue dans mon parcours comme masculine. Au-delà de ce constat, ces travaux offrent une richesse infinie pour créer de nouveaux récits. Nous avons besoin de diffuser ces récits au-delà d'un cadre universitaire, de croiser les compositrices sur les réseaux sociaux, de voir des interprètes du passé incarnées au cinéma, et d'entendre la musique et le destin de ces femmes sur scène. Chaque portrait dressé dans ce livre mérite bien plus que quelques lignes. Ces histoires, je l'espère, seront racontées et diffusées.

Pour cela, nous devons pouvoir compter sur les artistes, toutes disciplines confondues, autant que sur les décisionnaires. Certaines s'impliquent déjà dans cet élan en valorisant la sororité plus que la compétition. Mais la musique classique a besoin d'alliés, d'hommes qui prennent conscience que ce combat ne peut se faire sans eux. D'autant qu'ils sont pour le moment en grande majorité dans les postes à responsabilités, là où se prennent les décisions quant à l'avenir et au présent de la musique classique.

Mon dernier espoir se tourne vers vous, lecteurs et lectrices de ce livre. Peut-être n'aviez-vous jamais entendu le nom d'une compositrice, peut-être au contraire les connaissez-vous par cœur, vous les avez jouées, entendues, étudiées. Peut-être n'avez-vous aucun lien avec la musique classique ou au contraire vous y êtes comme chez vous. Au fond peu importe, si vous refermez ce livre avec l'envie d'écouter une œuvre de compositrice, de lire un autre livre sur le sujet, de découvrir l'interprétation d'une musicienne ou d'entendre la voix d'une chanteuse, ce sera déjà un pas dans l'écriture de cette nouvelle histoire de la musique classique.

Ressources

Pour aller plus loin, vous trouverez ici quelques ressources audiovisuelles, en ligne et associatives, majoritairement francophones.

L'Opéra et ses Zouz, voir la série autour des compositrices baroques (chaîne YouTube)
La Boîte à pépites (chaîne YouTube)
Cherchez la femme, podcast sur les femmes et la musique de Flore Benguigui (Tsugi Radio)
Musicopolis, émission produite par Anne-Charlotte Rémond (France Musique)
Musiciennes de légende, émission produite par Marina Chiche (France Musique)
Pionnières, émission produite par Clémentine Spiler (Radio Nova)

ComposHer, site d'informations autour des compositrices : composher.com
Demandez à Clara (base de données en ligne de l'association Présence compositrices) : presencecompositrices.com/recherche-compositrice

La carte interactive des compositrices par la musicologue Sakira Ventura : svmusicology.com/mapa/

Women Composers by Time Period (frise chronologique dans le dictionnaire musical en ligne Oxford Music Online) : oxfordmusiconline.com/page/women-composers-by-time-period

Musiciennes à Ouessant (festival créé en 2001 (!) par Lydia Jardon)

Présence compositrices (festival, centre de ressources et de promotion)

ELLES chantent, composent, dirigent (festival à Vézelay)

Journées du matrimoine (organisées par les associations HF)

Plurielles 34 (association)

Femmes et musique (association)

La Maestra, concours réservé aux cheffes d'orchestre

Paye ta note ; *Paye ton opéra* ; *Change de disque* ; *Diva* ; *#MusicToo* : initiatives en ligne contre le sexisme dans le monde musical

Bibliographie

Ouvrages généraux

Simone de Beauvoir, *Le Deuxième Sexe*, Gallimard, 1949

Christine Détrez, *Les femmes peuvent-elles être de Grands Hommes ?*, Belin, 2016

Geneviève Fraisse (dir.), *L'Exercice du savoir et la Différence des sexes*, L'Harmattan, 1991

Geneviève Fraisse, *Muse de la Raison. Démocratie et exclusion des femmes en France*, Gallimard, 1995

Geneviève Fraisse, *La Suite de l'histoire*, Seuil, 2019

Olivia Gazalé, *Le Mythe de la virilité. Un piège pour les deux sexes*, Robert Laffont, 2017

Florence Launay, « Les musiciennes : de la pionnière adulée à la concurrente redoutée. Bref historique d'une longue professionnalisation », *Travail, genre et sociétés*, 2008

Titiou Lecoq, *Les Grandes Oubliées. Pourquoi l'Histoire a effacé les femmes*, L'Iconoclaste, 2021

Laure Marcel-Berlioz, Omer Corlaix et Bastien Gallet (dir.), *Compositrices. L'égalité en acte*, CDMC et Éditions MF, 2019

Susan McClary, *Ouverture féministe. Musique, genre, sexualité* [1991], tr. C. Deutsch et S. Roth, Philharmonie de Paris, 2015

Linda Nochlin, *Pourquoi n'y a-t-il pas eu de grandes artistes femmes ?* [1971], tr. M. Rietsch, Thames & Hudson, 2021

Aline Tauzin (dir.), *Musique, femmes et interdits*, Ambronay Éditions, 2013

Mélanie Traversier et Alban Ramaut (dir.), *La musique a-t-elle un genre ?*, Éditions de la Sorbonne, 2019

Caroline Giron-Panel et Catherine Deutsch (dir.), *Pratiques musicales féminines. Discours, normes, représentations*, Symétrie, 2016

Caroline Giron-Panel, Sylvie Granger, Raphaëlle Legrand et Bertrand Porot (dir.), *Musiciennes en duo. Mères, filles, sœurs ou compagnes d'artistes*, Presses universitaires de Rennes, 2015

Michelle Perrot, *Les Femmes ou le Silence de l'Histoire*, Flammarion, 1998

Évelyne Peyre et Joëlle Wiels, « De la "nature des femmes" et de son incompatibilité avec l'exercice du pouvoir : le poids des discours scientifiques depuis le XVIIIe siècle », *Les Cahiers du CEDREF*, 1996

Évelyne Pieiller, *Musique maestra. Le surprenant mais néanmoins véridique récit de l'histoire des femmes dans la musique du XVIIe au XIXe siècle*, Plume, 1992

Reine Prat, *Exploser le plafond. Précis de féminisme à l'usage du monde de la culture*, Rue de l'Échiquier, 2021

Hyacinthe Ravet, *Musiciennes. Enquête sur les femmes et la musique*, Autrement, 2011

Hyacinthe Ravet et Marlaine Cacouault-Bitaud, « Les femmes, les arts et la culture. Frontières artistiques, frontières de genre », *Travail, genre et sociétés*, 2008

Tara Rodgers, *Pink Noises: Women on Electronic Music and Sound*, Duke University Press, 2010

Danielle Roster, *Les Femmes et la Création musicale. Les compositrices européennes du Moyen Âge au milieu du XXe siècle*, tr. D. Modigliani, L'Harmattan, 1998

Alex Ross, *The Rest Is Noise. À l'écoute du XXe siècle. La modernité en musique*, tr. L. Slaars, Actes Sud, 2010

Émile Vuillermoz, *Histoire de la musique*, Le Livre de poche, 1949

Virginia Woolf, *Une chambre à soi* [1929], tr. Clara Malraux, Denoël, 1977

Chapitre 1. Des noms et des visages

Delphine Aguilera, *Femmes poètes du Moyen Âge. Les trobairitz*, L'Harmattan, 2012

José Miguel Lorenzo Arribas, « Mères, muses et religieuses : transmission musicale et magistère féminin au Moyen Âge », tr. M. Yusta, *Clio. Histoire, femmes et sociétés*, 2002

Pierre Bec, *Chants d'amour des femmes-troubadours*, Stock, 1995

Hildegarde de Bingen, *Les Causes et les Remèdes*, Jérôme Million, 2015

Meg Bogin, *Les Femmes troubadours*, tr. J. Faure-Cousin, Denoël/Gonthier, 1978

Stéphane Bouquet et Rosaire Appel, *Sappho*, Philharmonie de Paris, 2021

Claude Calame, « La poésie de Sappho aux prises avec le genre : polyphonie, pragmatique et rituel (à propos du fr. 58b) », *Quaderni Urbinati Di Cultura Classica*, Fabrizio Serra Editore, 2013

Catherine Deutsch, « Musique et *eccellenza delle donne* : les musiciennes dans les catalogues de femmes illustres en Italie, de Boccace à Cristofano Bronzini », dans *Revisiter la « querelle des femmes ». Discours sur l'égalité/inégalité des sexes en Europe, de 1400 aux lendemains de la Révolution*, Presses universitaires de Saint-Étienne, 2011

Pascale Fautrier, *Hildegarde de Bingen. Un secret de naissance*, Albin Michel, 2018

Beat Föllmi, « "L'ennemi est tombé, vaincu par une femme." : La compositrice byzantine Kassia (IXe siècle) et ses hymnes », dans *3e colloque des Journées de musiques anciennes. « Elles. Musique et féminités »*, 2015

Aurore Guillemette et Aurélien Clause, *Sapphô, la dixième muse. Traduction de l'intégralité des fragments saphiques*, Guillemette, 2016

Ana Iriarte, « Chanter, enchanter en Grèce ancienne. À propos de Sappho, femme poète et dixième muse », *Clio. Histoire, femmes et sociétés*, 2007

Martine Jullian, « Images de trobairitz », *Clio. Histoire, femmes et sociétés*, 2007

William D. Paden, *The Voice of the Trobairitz. Perspectives on the Women Troubadours*, University of Pennsylvania Press, 1998

Isabelle Ragnard, *Musiciennes en duo. Les jongleresses au Moyen Âge : seules ou accompagnées ?*, Presses universitaires de Rennes, 2015

Yvonne Rokseth, « Les femmes musiciennes du XIIe au XIVe siècle », *Romania*, t. 61, n° 244, 1935

Sernin Santy, *La Comtesse de Die : sa vie, ses œuvres complètes, les fêtes données en son honneur, avec tous les documents*, Alphonse Picard et fils, 1893

Katherine Schneider, « Bold, Beautiful, and Byzantine: A Brief Study of the Life and Poetry of Kassia the Nun », sur le site *Mezzo Cammin*

Christophe Vendries, « Masculin et féminin dans la musique de la Rome antique », *Clio. Histoire, femmes et sociétés*, 2007

Chapitre 2. Les stars du baroque

Catherine Cessac, *Élisabeth Jacquet de La Guerre. Une femme compositeur sous le règne de Louis XIV*, Actes Sud, 1995

Suzanne G. Cusick, *Francesca Caccini at the Medici Court: Music and the Circulation of Power (Women in Culture and Society)*, University of Chicago Press, 2015

Caroline Giron-Panel, « Enfants prodiges, génies en devenir : former les enfants à la musique dans les *ospedali* de Venise (XVIIe-XVIIIe siècle) », *Mélanges de l'École française de Rome. Italie et Méditerranée modernes et contemporaines*, 2011

Martin Jarvis, *Written by Mrs Bach: The Amazing Discovery That Shocked the Music World*, ABC Books, 2011
Alex Ross, « The Search for Mrs. Bach », *The New Yorker*, 2014
Élisabeth Vigée-Le Brun, *Souvenirs*, Antoinette Fouque, 2005

Chapitre 3. Les révolutionnaires du classique

Patrick Barbier, *Histoire des castrats*, Grasset, 1989
Catherine Buser et Francesco Biamonte, « Le XVIIIe, époque bénie pour les compositrices d'opéra », propos recueillis dans l'émission *Versus-écouter*, RTS Culture, 2018
Rita Charbonnier, *La Sœur de Mozart*, Seuil, 2006
Denis Diderot, *Sur les femmes*, 1772
Jérôme Dorival, *Hélène de Montgeroult. La Marquise et la Marseillaise*, Symétrie, 2006
Michèle Friang et Pierrette Germain, *Louise Bertin, compositrice, amie de Victor Hugo*, Delatour France, 2019
Albert La France, « Les femmes musiciennes sous les Bourbon d'après les documents inédits de Marie Bobillier », *Revue de musique des universités canadiennes*, 1995
Florence Launay, « L'éducation musicale des femmes au XIXe siècle en France. Entre art d'agrément, accès officiel à un enseignement supérieur et professionnalisation », dans *Genre & Éducation. Former, se former,*

être formée au féminin, Presses universitaires de Rouen et du Havre, 2009
Jacqueline Letzter et Robert Adelson, *Écrire l'opéra au féminin. Compositrices et librettistes sous la Révolution française*, Symétrie, 2017
Wolfgang Amadeus Mozart, *Correspondance complète*, Flammarion, 2011
Christine de Pas, *Madame Brillon de Jouy et son salon. Une musicienne des Lumières, intime de Benjamin Franklin*, Petit Page, 2014
Anne-Marie Polome, « Maria Anna Walburga Ignatia Mozart, la sœur de Mozart », sur le site *Crescendo Magazine*, 2020
Constance de Salm, *Épître aux femmes*, Desenne, 1797
Mélanie Traversier, *L'Harmonica de verre et Miss Davies. Essai sur la mécanique du succès au Siècle des Lumières*, Seuil, 2021
Frances White, « The Quiet Genius of Maria Anna Mozart », sur le site *History Answers*, 2019

Chapitre 4. Les guerrières romantiques

Jeanne Brochot, *Mel Bonis. Souvenirs et réflexions*, Nant d'Enfer, 1974
Catherine Clément, *L'Opéra ou la Défaite des femmes*, Grasset, 1979
Abbie Conant, « Making Statements: An Interview with Abbie Conant », sur le site *BrassChicks.com*, 2018

Katharine Ellis, « The Fair Sax: Women, Brass-Playing and the Instrument Trade in 1860s Paris », *Journal of the Royal Musical Association*, 1999

Michèle Friang, *Augusta Holmès ou la Gloire interdite. Une femme compositeur au XIXe siècle*, Autrement, 2003

Louise Héritte de La Tour, *Une famille de grands musiciens. Souvenirs sur García, Pauline Viardot, la Malibran, Louise Héritte-Viardot et leur entourage*, Stock, 1923

Étienne Jardin (dir.), *Mel Bonis. Parcours d'une compositrice de la Belle Époque*, Actes Sud et Palazzetto Bru Zane, 2020

Florence Launay, *Les Compositrices en France au XIXe siècle*, Fayard, 2006

Catherine Legras, *Louise Farrenc, compositrice du XIXe siècle. Musique au féminin*, L'Harmattan, 2003

Catherine Lépront, *Clara Schumann. La vie à quatre mains*, Robert Laffont, 1988

Alma Mahler, *Ma vie*, Hachette, 1960

Alma Mahler, *Journal intime*, Payot & Rivages, 2010

Jean-Marc Proust, « Échafaud pour sopranos », *Slate*, 2010

Hyacinthe Ravet, *Musiciennes. Enquête sur les femmes et la musique*, Autrement, 2011

Nancy B. Reich, *Clara Schumann: The Artist and the Woman*, Cornell University Press, 1985

Catherine Sauvat, *Alma Mahler. Et il me faudra toujours mentir*, Payot & Rivages, 2009

Alphonse Sax, *Gymnastique des poumons. La musique instrumentale au point de vue de l'hygiène et la création des orchestres féminins*, Sax, 1865
Clara et Robert Schumann, *The Complete Correspondence of Clara and Robert Schumann*, Peter Lang, 1996
Hélène Seydoux, *Les Femmes et l'Opéra*, Ramsay, 2004
Françoise Tillard, *Fanny Hensel, née Mendelssohn Bartholdy*, Symétrie, 2007

Chapitre 5. Les modernes confiantes

Marian Anderson, *My Lord, What a Morning: An Autobiography*, Viking Press, 1956
Alicia Ault, « How Marian Anderson Became an Iconic Symbol for Equality », *Smithsonian Magazine*, 2019
Adam Gustafson, « The Story of Elizabeth Taylor Greenfield, America's First Black Pop Star », sur le site *The Conservation*, 2017
Laura Hamer, « On the Conductor's Podium: Jane Evrard and the Orchestre Féminin de Paris », *The Musical Times*, 2011
Bruno Monsaingeon, *Mademoiselle. Entretiens avec Nadia Boulanger*, Vandevelde, 1981
Maria Noriega Rachwal, « Feminizing the Stage: Early Lady Orchestras and Their Maestras », *The Kapralova Society Journal*, 2016
Jérôme Spycket, *À la recherche de Lili Boulanger*, Fayard, 2004

Chapitre 6. Les dégâts du XXe siècle

Marina Chiche, *Musiciennes de légende. De l'ombre à la lumière*, First, 2021
Peter Feuchtwanger, « The Perfect Clara Haskil », sur le site de l'auteur, 2000
Laura Hamer, *Female Composers, Conductors, Performers: Musiciennes of Interwar France, 1919-1939*, Routledge, 2018
Christian Merlin, *Au cœur de l'orchestre*, Pluriel, 2015
New York Philharmonic Archives, « Women Pioneers of the NY Phil », *Arts and Culture*, 2020
William Osborne, « Art Is Just an Excuse: Gender Bias in International Orchestras », *IAWM Journal*, 1996
Hyacinthe Ravet, « L'accès des femmes aux professions musicales. L'entrée dans les orchestres symphoniques », *L'Observatoire*, n° 44, 2014
Ethel Smyth, *Impressions That Remained: Memoirs of Ethel Smyth*, Reads Books Libri, 2007

Remerciements

Un premier et immense merci à mon éditrice, Mélie Chen, pour tout ce cheminement depuis notre premier déjeuner en novembre 2019. Merci pour ta confiance et ton aide si précieuse dans ce projet.

Je tenais à remercier les auteurs et autrices de mémoires, thèses, colloques, livres et études... Si vous pensez que vos travaux sont une goutte dans l'océan, c'est peut-être vrai, mais grâce à vous j'ai pu m'y plonger et écrire ce livre.

Merci à mes ami·e·s d'avoir supporté mes sautes d'humeur ces deux dernières années (seulement deux ?). Plus particulièrement à Juliette Flipo, Sonia Ben Romdhane, Caroline Lognoné, Noémie Potdevin, Morgane Richard, Laëtitia Denis, Violette Maurel, Juliette Cliquot, Pauline Faure, Lolita Rivé et toutes les filles du floorball. Merci à Théo Hetsch, Martin Cadoret et Olivier Liffran pour les footings et les vives discussions.

Un remerciement particulier à ma famille pour son soutien et son amour depuis toujours.

Merci aux collègues et ex-collègues de France Musique. Merci à Nathalie Moller et Sofia Anastasio pour les soirées, les cafés et les fleurs.

Merci à Charlotte Ginot-Slacik, à Grégoire Portais et à ma sœur Perrine pour les relectures.

Merci à mes réseaux de femmes formidables, « L(')Égalité » et « Musique en sororité », pour les Zoom du lundi soir et la complicité.

Merci enfin aux musiciennes, celles d'hier et d'aujourd'hui. Vous n'êtes pas seules. Vous n'avez jamais été seules.

Table

Introduction 7

1 – DES NOMS ET DES VISAGES 19
Sappho, la muse ou la putain 21
Cassienne, la rebelle de Constantinople 27
Hildegarde de Bingen, star historique des compositrices 31
Trobairitz : l'exception française 37
Playlist 1 47

2 – LES STARS DU BAROQUE 49
Les orphelines de Venise 51
Rumeurs, opéra et nonne rebelle 58
L'art de La Guerre 68
Dans l'ombre de Bach : sa femme 77
Playlist 2 85

3 – LES RÉVOLUTIONNAIRES DU CLASSIQUE 87
Les Françaises à l'assaut de l'opéra 89
Fin des castrats, début des divas 99
Hélène de Montgeroult, pianiste révolutionnaire 110
Mozart était une femme ? 118
Playlist 3 125

4 – LES GUERRIÈRES ROMANTIQUES... 127
Les muses sacrifiées ... 129
Ah si j'étais un homme... 145
Comment les femmes meurent à l'opéra.... 157
Les femmes à la trompette ? Les femmes à la trompette ! ... 167
Playlist 4 ... 177

5 – LES MODERNES CONFIANTES...... 179
La sororité des Boulanger ... 181
Musiciennes de légende et destins tragiques ... 190
Les Françaises à la baguette ! ... 199
Un long chemin pour les chanteuses noires.... 210
Playlist 5 ... 223

6 – LES DÉGÂTS DU XXe SIÈCLE ... 225
La conquête des musiciennes d'orchestre.... 227
La création féminine en déclin ... 236
Qui a effacé les femmes de l'histoire de la musique ? ... 248
Playlist 6 ... 259

Conclusion ... 261
Ressources ... 269
Bibliographie ... 271
Remerciements ... 281